대한민국 법령 시리즈 184

동물보호법

법령
시행령
시행규칙

해광출판사

머리말

이 책은 방대한 법전을 보지 않고 간편하게 해당되는 법령만 참고해서 볼 수 있도록 하였습니다. 공공기관이나 관련 종사자들이 쉽고 간편하게 대한 법령을 참조 할 수 있도록 하였습니다.

특히 해당법률은 물론 관련 시행령, 시행규칙을 함께 실어 관련법을 서로 참고할 수 있게 하였습니다.

법률이라는 것이 크든 작든 항상 변하는 관계로, 출간 이후의 정확하고 최신의 법률은 법제처 국가법령정보센터에서 확인이 가능하니 법률의 실제 적용 시 확인이 필요한 점 유의하기를 바랍니다.

편집부

* 수록 법률은 법제처 국가법령정보센터에서 확인 가능합니다.
* 발행일 기준 시행 법률이므로 최신 법령은 위 센터에서 볼 수 있습니다.
* 본 책자에 수록된 법률의 문구에 대하여 법적인 효력은 없으며,
  실제 적용 법률은 위 센터에서 최신의 법률로 확인하시기 바랍니다.
* 해당 법령과 함께 시행령, 시행규칙도 수록되어 있습니다.
* 발행일 기준으로 개정 예정 법률은 밑줄로 별도 표시되어 있으며,
  보다 정확한 것은 법제처에서 확인하기 바랍니다.

목차

**개정 예정 법률 밑줄 별도 표시.

동물보호법

[시행 2021. 2. 12.] [법률 제16977호, 2020. 2. 11., 일부개정]

제1장 총칙

제1조(목적) 이 법은 동물에 대한 학대행위의 방지 등 동물을 적정하게 보호·관리하기 위하여 필요한 사항을 규정함으로써 동물의 생명보호, 안전 보장 및 복지 증진을 꾀하고, 건전하고 책임 있는 사육문화를 조성하여, 동물의 생명 존중 등 국민의 정서를 기르고 사람과 동물의 조화로운 공존에 이바지함을 목적으로 한다. 〈개정 2018. 3. 20., 2020. 2. 11.〉

제2조(정의) 이 법에서 사용하는 용어의 뜻은 다음과 같다. 〈개정 2013. 8. 13., 2017. 3. 21., 2018. 3. 20., 2020. 2. 11.〉

1. "동물"이란 고통을 느낄 수 있는 신경체계가 발달한 척추동물로서 다음 각 목의 어느 하나에 해당하는 동물을 말한다.

가. 포유류

나. 조류

다. 파충류·양서류·어류 중 농림축산식품부장관이 관계 중앙행정기관의 장과의 협의를 거쳐 대통령령으로 정하는 동물

1의2. "동물학대"란 동물을 대상으로 정당한 사유 없이 불필요하거나 피할 수 있는 신체적 고통과 스트레스를 주는 행위 및 굶주림,

질병 등에 대하여 적절한 조치를 게을리하거나 방치하는 행위를 말한다.

1의3. "반려동물"이란 반려(伴侶) 목적으로 기르는 개, 고양이 등 농림축산식품부령으로 정하는 동물을 말한다.

2. "등록대상동물"이란 동물의 보호, 유실·유기방지, 질병의 관리, 공중위생상의 위해 방지 등을 위하여 등록이 필요하다고 인정하여 대통령령으로 정하는 동물을 말한다.

3. "소유자등"이란 동물의 소유자와 일시적 또는 영구적으로 동물을 사육·관리 또는 보호하는 사람을 말한다.

3의2. "맹견"이란 도사견, 핏불테리어, 로트와일러 등 사람의 생명이나 신체에 위해를 가할 우려가 있는 개로서 농림축산식품부령으로 정하는 개를 말한다.

4. "동물실험"이란 「실험동물에 관한 법률」 제2조제1호에 따른 동물실험을 말한다.

5. "동물실험시행기관"이란 동물실험을 실시하는 법인·단체 또는 기관으로서 대통령령으로 정하는 법인·단체 또는 기관을 말한다.

제3조(동물보호의 기본원칙) 누구든지 동물을 사육·관리 또는 보호할 때에는 다음 각 호의 원칙을 준수하여야 한다. 〈개정 2017. 3. 21.〉

1. 동물이 본래의 습성과 신체의 원형을 유지하면서 정상적으로 살 수 있도록 할 것

2. 동물이 갈증 및 굶주림을 겪거나 영양이 결핍되지 아니하도록 할 것

3. 동물이 정상적인 행동을 표현할 수 있고 불편함을 겪지 아니하도록 할 것

4. 동물이 고통 · 상해 및 질병으로부터 자유롭도록 할 것

5. 동물이 공포와 스트레스를 받지 아니하도록 할 것

제4조(국가 · 지방자치단체 및 국민의 책무) ① 국가는 동물의 적정한 보호 · 관리를 위하여 5년마다 다음 각 호의 사항이 포함된 동물복지종합계획을 수립 · 시행하여야 하며, 지방자치단체는 국가의 계획에 적극 협조하여야 한다. 〈개정 2017. 3. 21., 2018. 3. 20.〉

1. 동물학대 방지와 동물복지에 관한 기본방침

2. 다음 각 목에 해당하는 동물의 관리에 관한 사항

가. 도로 · 공원 등의 공공장소에서 소유자등이 없이 배회하거나 내버려진 동물(이하 "유실 · 유기동물"이라 한다)

나. 제8조제2항에 따른 학대를 받은 동물(이하 "피학대 동물"이라 한다)

3. 동물실험시행기관 및 제25조의 동물실험윤리위원회의 운영 등에 관한 사항

4. 동물학대 방지, 동물복지, 유실 · 유기동물의 입양 및 동물실험윤리 등의 교육 · 홍보에 관한 사항

5. 동물복지 축산의 확대와 동물복지축산농장 지원에 관한 사항

6. 그 밖에 동물학대 방지와 반려동물 운동 · 휴식시설 등 동물복지에 필요한 사항

② 특별시장 · 광역시장 · 도지사 및 특별자치도지사 · 특별자치시장(이하 "시 · 도지사"라 한다)은 제1항에 따른 종합계획에 따라 5년마

다 특별시·광역시·도·특별자치도·특별자치시(이하 "시·도"라 한다) 단위의 동물복지계획을 수립하여야 하고, 이를 농림축산식품부장관에게 통보하여야 한다. 〈개정 2013. 3. 23.〉

③ 국가와 지방자치단체는 제1항 및 제2항에 따른 사업을 적정하게 수행하기 위한 인력·예산 등을 확보하기 위하여 노력하여야 하며, 국가는 동물의 적정한 보호·관리, 복지업무 추진을 위하여 지방자치단체에 필요한 사업비의 전부나 일부를 예산의 범위에서 지원할 수 있다. 〈신설 2017. 3. 21.〉

④ 국가와 지방자치단체는 대통령령으로 정하는 민간단체에 동물보호운동이나 그 밖에 이와 관련된 활동을 권장하거나 필요한 지원을 할 수 있다. 〈개정 2017. 3. 21.〉

⑤ 모든 국민은 동물을 보호하기 위한 국가와 지방자치단체의 시책에 적극 협조하는 등 동물의 보호를 위하여 노력하여야 한다. 〈개정 2017. 3. 21.〉

제5조(동물복지위원회) ① 농림축산식품부장관의 다음 각 호의 자문에 응하도록 하기 위하여 농림축산식품부에 동물복지위원회를 둔다. 〈개정 2013. 3. 23.〉

1. 제4조에 따른 종합계획의 수립·시행에 관한 사항

2. 제28조에 따른 동물실험윤리위원회의 구성 등에 대한 지도·감독에 관한 사항

3. 제29조에 따른 동물복지축산농장의 인증과 동물복지축산정책에 관한 사항

4. 그 밖에 동물의 학대방지·구조 및 보호 등 동물복지에 관한

사항

② 동물복지위원회는 위원장 1명을 포함하여 10명 이내의 위원으로 구성한다.

③ 위원은 다음 각 호에 해당하는 사람 중에서 농림축산식품부장관이 위촉하며, 위원장은 위원 중에서 호선한다. 〈개정 2013. 3. 23., 2017. 3. 21.〉

1. 수의사로서 동물보호 및 동물복지에 대한 학식과 경험이 풍부한 사람

2. 동물복지정책에 관한 학식과 경험이 풍부한 자로서 제4조제4항에 해당하는 민간단체의 추천을 받은 사람

3. 그 밖에 동물복지정책에 관한 전문지식을 가진 사람으로서 농림축산식품부령으로 정하는 자격기준에 맞는 사람

④ 그 밖에 동물복지위원회의 구성·운영 등에 관한 사항은 대통령령으로 정한다.

제6조(다른 법률과의 관계) 동물의 보호 및 이용·관리 등에 대하여 다른 법률에 특별한 규정이 있는 경우를 제외하고는 이 법에서 정하는 바에 따른다.

제2장 동물의 보호 및 관리

제7조(적정한 사육·관리) ① 소유자등은 동물에게 적합한 사료와 물을 공급하고, 운동·휴식 및 수면이 보장되도록 노력하여야 한다.

② 소유자등은 동물이 질병에 걸리거나 부상당한 경우에는 신속하게 치료하거나 그 밖에 필요한 조치를 하도록 노력하여야 한다.

③ 소유자등은 동물을 관리하거나 다른 장소로 옮긴 경우에는 그 동물이 새로운 환경에 적응하는 데에 필요한 조치를 하도록 노력하여야 한다.

④ 제1항부터 제3항까지에서 규정한 사항 외에 동물의 적절한 사육·관리 방법 등에 관한 사항은 농림축산식품부령으로 정한다. 〈개정 2013. 3. 23.〉

제8조(동물학대 등의 금지) ① 누구든지 동물에 대하여 다음 각 호의 행위를 하여서는 아니 된다. 〈개정 2013. 3. 23., 2013. 4. 5., 2017. 3. 21.〉

1. 목을 매다는 등의 잔인한 방법으로 죽음에 이르게 하는 행위

2. 노상 등 공개된 장소에서 죽이거나 같은 종류의 다른 동물이 보는 앞에서 죽음에 이르게 하는 행위

3. 고의로 사료 또는 물을 주지 아니하는 행위로 인하여 동물을 죽음에 이르게 하는 행위

4. 그 밖에 수의학적 처치의 필요, 동물로 인한 사람의 생명·신체·재산의 피해 등 농림축산식품부령으로 정하는 정당한 사유 없이 죽음에 이르게 하는 행위

② 누구든지 동물에 대하여 다음 각 호의 학대행위를 하여서는 아니 된다. 〈개정 2013. 3. 23., 2017. 3. 21., 2018. 3. 20., 2020. 2. 11.〉

1. 도구·약물 등 물리적·화학적 방법을 사용하여 상해를 입히는 행위. 다만, 질병의 예방이나 치료 등 농림축산식품부령으로 정하는 경우는 제외한다.

2. 살아 있는 상태에서 동물의 신체를 손상하거나 체액을 채취하거나 체액을 채취하기 위한 장치를 설치하는 행위. 다만, 질병의 치료 및 동물실험 등 농림축산식품부령으로 정하는 경우는 제외한다.

3. 도박·광고·오락·유흥 등의 목적으로 동물에게 상해를 입히는 행위. 다만, 민속경기 등 농림축산식품부령으로 정하는 경우는 제외한다.

3의2. 반려동물에게 최소한의 사육공간 제공 등 농림축산식품부령으로 정하는 사육·관리 의무를 위반하여 상해를 입히거나 질병을 유발시키는 행위

4. 그 밖에 수의학적 처치의 필요, 동물로 인한 사람의 생명·신체·재산의 피해 등 농림축산식품부령으로 정하는 정당한 사유 없이 신체적 고통을 주거나 상해를 입히는 행위

③ 누구든지 다음 각 호에 해당하는 동물에 대하여 포획하여 판매하거나 죽이는 행위, 판매하거나 죽일 목적으로 포획하는 행위 또는 다음 각 호에 해당하는 동물임을 알면서도 알선·구매하는 행위를 하여서는 아니 된다. 〈개정 2017. 3. 21.〉

1. 유실·유기동물

2. 피학대 동물 중 소유자를 알 수 없는 동물

④ 소유자등은 동물을 유기(遺棄)하여서는 아니 된다.

⑤ 누구든지 다음 각 호의 행위를 하여서는 아니 된다. 〈개정 2017. 3. 21., 2019. 8. 27.〉

1. 제1항부터 제3항까지에 해당하는 행위를 촬영한 사진 또는 영상물을 판매·전시·전달·상영하거나 인터넷에 게재하는 행위. 다

만, 동물보호 의식을 고양시키기 위한 목적이 표시된 홍보 활동 등 농림축산식품부령으로 정하는 경우에는 그러하지 아니하다.

2. 도박을 목적으로 동물을 이용하는 행위 또는 동물을 이용하는 도박을 행할 목적으로 광고·선전하는 행위. 다만, 「사행산업통합감독위원회법」 제2조제1호에 따른 사행산업은 제외한다.

3. 도박·시합·복권·오락·유흥·광고 등의 상이나 경품으로 동물을 제공하는 행위

4. 영리를 목적으로 동물을 대여하는 행위. 다만, 「장애인복지법」 제40조에 따른 장애인 보조견의 대여 등 농림축산식품부령으로 정하는 경우는 제외한다.

제9조(동물의 운송) ① 동물을 운송하는 자 중 농림축산식품부령으로 정하는 자는 다음 각 호의 사항을 준수하여야 한다. 〈개정 2013. 3. 23., 2013. 8. 13.〉

1. 운송 중인 동물에게 적합한 사료와 물을 공급하고, 급격한 출발·제동 등으로 충격과 상해를 입지 아니하도록 할 것

2. 동물을 운송하는 차량은 동물이 운송 중에 상해를 입지 아니하고, 급격한 체온 변화, 호흡곤란 등으로 인한 고통을 최소화할 수 있는 구조로 되어 있을 것

3. 병든 동물, 어린 동물 또는 임신 중이거나 젖먹이가 딸린 동물을 운송할 때에는 함께 운송 중인 다른 동물에 의하여 상해를 입지 아니하도록 칸막이의 설치 등 필요한 조치를 할 것

4. 동물을 싣고 내리는 과정에서 동물이 들어있는 운송용 우리를 던지거나 떨어뜨려서 동물을 다치게 하는 행위를 하지 아니할 것

5. 운송을 위하여 전기(電氣) 몰이도구를 사용하지 아니할 것

② 농림축산식품부장관은 제1항제2호에 따른 동물 운송 차량의 구조 및 설비기준을 정하고 이에 맞는 차량을 사용하도록 권장할 수 있다. 〈개정 2013. 3. 23.〉

③ 농림축산식품부장관은 제1항과 제2항에서 규정한 사항 외에 동물 운송에 관하여 필요한 사항을 정하여 권장할 수 있다. 〈개정 2013. 3. 23.〉

제9조의2(반려동물 전달 방법) 제32조제1항의 동물을 판매하려는 자는 해당 동물을 구매자에게 직접 전달하거나 제9조제1항을 준수하는 동물 운송업자를 통하여 배송하여야 한다.

[본조신설 2013. 8. 13.]

[제목개정 2017. 3. 21.]

제10조(동물의 도살방법) ① 모든 동물은 혐오감을 주거나 잔인한 방법으로 도살되어서는 아니 되며, 도살과정에 불필요한 고통이나 공포, 스트레스를 주어서는 아니 된다. 〈신설 2013. 8. 13.〉

② 「축산물위생관리법」 또는 「가축전염병예방법」에 따라 동물을 죽이는 경우에는 가스법·전살법(電殺法) 등 농림축산식품부령으로 정하는 방법을 이용하여 고통을 최소화하여야 하며, 반드시 의식이 없는 상태에서 다음 도살 단계로 넘어가야 한다. 매몰을 하는 경우에도 또한 같다. 〈개정 2013. 3. 23., 2013. 8. 13.〉

③ 제1항 및 제2항의 경우 외에도 동물을 불가피하게 죽여야 하는 경우에는 고통을 최소화할 수 있는 방법에 따라야 한다. 〈개정 2013. 8. 13.〉

제11조(동물의 수술) 거세, 뿔 없애기, 꼬리 자르기 등 동물에 대한 외과적 수술을 하는 사람은 수의학적 방법에 따라야 한다.

제12조(등록대상동물의 등록 등) ① 등록대상동물의 소유자는 동물의 보호와 유실·유기방지 등을 위하여 시장·군수·구청장(자치구의 구청장을 말한다. 이하 같다)·특별자치시장(이하 "시장·군수·구청장"이라 한다)에게 등록대상동물을 등록하여야 한다. 다만, 등록대상동물이 맹견이 아닌 경우로서 농림축산식품부령으로 정하는 바에 따라 시·도의 조례로 정하는 지역에서는 그러하지 아니하다. 〈개정 2013. 3. 23., 2018. 3. 20.〉

② 제1항에 따라 등록된 등록대상동물의 소유자는 다음 각 호의 어느 하나에 해당하는 경우에는 해당 각 호의 구분에 따른 기간에 시장·군수·구청장에게 신고하여야 한다. 〈개정 2013. 3. 23., 2017. 3. 21.〉

1. 등록대상동물을 잃어버린 경우에는 등록대상동물을 잃어버린 날부터 10일 이내

2. 등록대상동물에 대하여 농림축산식품부령으로 정하는 사항이 변경된 경우에는 변경 사유 발생일부터 30일 이내

③ 제1항에 따른 등록대상동물의 소유권을 이전받은 자 중 제1항에 따른 등록을 실시하는 지역에 거주하는 자는 그 사실을 소유권을 이전받은 날부터 30일 이내에 자신의 주소지를 관할하는 시장·군수·구청장에게 신고하여야 한다.

④ 시장·군수·구청장은 농림축산식품부령으로 정하는 자(이하 이 조에서 "동물등록대행자"라 한다)로 하여금 제1항부터 제3항까지

의 규정에 따른 업무를 대행하게 할 수 있다. 이 경우 그에 따른 수수료를 지급할 수 있다. 〈개정 2013. 3. 23., 2020. 2. 11.〉

⑤ 등록대상동물의 등록 사항 및 방법·절차, 변경신고 절차, 동물등록대행자 준수사항 등에 관한 사항은 농림축산식품부령으로 정하며, 그 밖에 등록에 필요한 사항은 시·도의 조례로 정한다. 〈개정 2013. 3. 23., 2020. 2. 11.〉

제13조(등록대상동물의 관리 등) ① 소유자등은 등록대상동물을 기르는 곳에서 벗어나게 하는 경우에는 소유자등의 연락처 등 농림축산식품부령으로 정하는 사항을 표시한 인식표를 등록대상동물에게 부착하여야 한다. 〈개정 2013. 3. 23.〉

② 소유자등은 등록대상동물을 동반하고 외출할 때에는 농림축산식품부령으로 정하는 바에 따라 목줄 등 안전조치를 하여야 하며, 배설물(소변의 경우에는 공동주택의 엘리베이터·계단 등 건물 내부의 공용공간 및 평상·의자 등 사람이 눕거나 앉을 수 있는 기구 위의 것으로 한정한다)이 생겼을 때에는 즉시 수거하여야 한다. 〈개정 2013. 3. 23., 2015. 1. 20.〉

③ 시·도지사는 등록대상동물의 유실·유기 또는 공중위생상의 위해 방지를 위하여 필요할 때에는 시·도의 조례로 정하는 바에 따라 소유자등으로 하여금 등록대상동물에 대하여 예방접종을 하게 하거나 특정 지역 또는 장소에서의 사육 또는 출입을 제한하게 하는 등 필요한 조치를 할 수 있다.

제13조의2(맹견의 관리) ① 맹견의 소유자등은 다음 각 호의 사항을 준수하여야 한다.

1. 소유자등 없이 맹견을 기르는 곳에서 벗어나지 아니하게 할 것

2. 월령이 3개월 이상인 맹견을 동반하고 외출할 때에는 농림축산식품부령으로 정하는 바에 따라 목줄 및 입마개 등 안전장치를 하거나 맹견의 탈출을 방지할 수 있는 적정한 이동장치를 할 것

3. 그 밖에 맹견이 사람에게 신체적 피해를 주지 아니하도록 하기 위하여 농림축산식품부령으로 정하는 사항을 따를 것

② 시·도지사와 시장·군수·구청장은 맹견이 사람에게 신체적 피해를 주는 경우 농림축산식품부령으로 정하는 바에 따라 소유자등의 동의 없이 맹견에 대하여 격리조치 등 필요한 조치를 취할 수 있다.

③ 맹견의 소유자는 맹견의 안전한 사육 및 관리에 관하여 농림축산식품부령으로 정하는 바에 따라 정기적으로 교육을 받아야 한다.

④ 맹견의 소유자는 맹견으로 인한 다른 사람의 생명·신체나 재산상의 피해를 보상하기 위하여 대통령령으로 정하는 바에 따라 보험에 가입하여야 한다. 〈신설 2020. 2. 11.〉

[본조신설 2018. 3. 20.]

제13조의3(맹견의 출입금지 등) 맹견의 소유자등은 다음 각 호의 어느 하나에 해당하는 장소에 맹견이 출입하지 아니하도록 하여야 한다.

1. 「영유아보육법」 제2조제3호에 따른 어린이집

2. 「유아교육법」 제2조제2호에 따른 유치원

3. 「초·중등교육법」 제38조에 따른 초등학교 및 같은 법 제55조에 따른 특수학교

4. 그 밖에 불특정 다수인이 이용하는 장소로서 시·도의 조례로

정하는 장소

[본조신설 2018. 3. 20.]

제14조(동물의 구조 · 보호) ① 시 · 도지사(특별자치시장은 제외한다. 이하 이 조, 제15조, 제17조부터 제19조까지, 제21조, 제29조, 제38조의2, 제39조부터 제41조까지, 제41조의2, 제43조, 제45조 및 제47조에서 같다)와 시장 · 군수 · 구청장은 다음 각 호의 어느 하나에 해당하는 동물을 발견한 때에는 그 동물을 구조하여 제7조에 따라 치료 · 보호에 필요한 조치(이하 "보호조치"라 한다)를 하여야 하며, 제2호 및 제3호에 해당하는 동물은 학대 재발 방지를 위하여 학대행위자로부터 격리하여야 한다. 다만, 제1호에 해당하는 동물 중 농림축산식품부령으로 정하는 동물은 구조 · 보호조치의 대상에서 제외한다. 〈개정 2013. 3. 23., 2013. 4. 5., 2017. 3. 21.〉

1. 유실 · 유기동물

2. 피학대 동물 중 소유자를 알 수 없는 동물

3. 소유자로부터 제8조제2항에 따른 학대를 받아 적정하게 치료 · 보호받을 수 없다고 판단되는 동물

② 시 · 도지사와 시장 · 군수 · 구청장이 제1항제1호 및 제2호에 해당하는 동물에 대하여 보호조치 중인 경우에는 그 동물의 등록 여부를 확인하여야 하고, 등록된 동물인 경우에는 지체 없이 동물의 소유자에게 보호조치 중인 사실을 통보하여야 한다. 〈신설 2017. 3. 21.〉

③ 시 · 도지사와 시장 · 군수 · 구청장이 제1항제3호에 따른 동물을 보호할 때에는 농림축산식품부령으로 정하는 바에 따라 기간을

정하여 해당 동물에 대한 보호조치를 하여야 한다. 〈개정 2013. 3. 23., 2013. 4. 5., 2017. 3. 21.〉

④ 시·도지사와 시장·군수·구청장은 제1항 각 호 외의 부분 단서에 해당하는 동물에 대하여도 보호·관리를 위하여 필요한 조치를 취할 수 있다. 〈신설 2017. 3. 21.〉

제15조(동물보호센터의 설치·지정 등) ① 시·도지사와 시장·군수·구청장은 제14조에 따른 동물의 구조·보호조치 등을 위하여 농림축산식품부령으로 정하는 기준에 맞는 동물보호센터를 설치·운영할 수 있다. 〈개정 2013. 3. 23., 2013. 8. 13.〉

② 시·도지사와 시장·군수·구청장은 제1항에 따른 동물보호센터를 직접 설치·운영하도록 노력하여야 한다. 〈신설 2017. 3. 21.〉

③ 농림축산식품부장관은 제1항에 따라 시·도지사 또는 시장·군수·구청장이 설치·운영하는 동물보호센터의 설치·운영에 드는 비용의 전부 또는 일부를 지원할 수 있다. 〈개정 2013. 3. 23., 2017. 3. 21.〉

④ 시·도지사 또는 시장·군수·구청장은 농림축산식품부령으로 정하는 기준에 맞는 기관이나 단체를 동물보호센터로 지정하여 제14조에 따른 동물의 구조·보호조치 등을 하게 할 수 있다. 〈개정 2013. 3. 23., 2017. 3. 21.〉

⑤ 제4항에 따른 동물보호센터로 지정받으려는 자는 농림축산식품부령으로 정하는 바에 따라 시·도지사 또는 시장·군수·구청장에게 신청하여야 한다. 〈개정 2013. 3. 23., 2017. 3. 21.〉

⑥ 시·도지사 또는 시장·군수·구청장은 제4항에 따른 동물보호센터에 동물의 구조·보호조치 등에 드는 비용(이하 "보호비용"이라 한다)의 전부 또는 일부를 지원할 수 있으며, 보호비용의 지급절차와 그 밖에 필요한 사항은 농림축산식품부령으로 정한다. 〈개정 2013. 3. 23., 2017. 3. 21.〉

⑦ 시·도지사 또는 시장·군수·구청장은 제4항에 따라 지정된 동물보호센터가 다음 각 호의 어느 하나에 해당하는 경우에는 그 지정을 취소할 수 있다. 다만, 제1호에 해당하는 경우에는 지정을 취소하여야 한다. 〈개정 2017. 3. 21.〉

1. 거짓이나 그 밖의 부정한 방법으로 지정을 받은 경우
2. 제4항에 따른 지정기준에 맞지 아니하게 된 경우
3. 제6항에 따른 보호비용을 거짓으로 청구한 경우
4. 제8조제1항부터 제3항까지의 규정을 위반한 경우
5. 제22조를 위반한 경우
6. 제39조제1항제3호의 시정명령을 위반한 경우
7. 특별한 사유 없이 유실·유기동물 및 피학대 동물에 대한 보호조치를 3회 이상 거부한 경우
8. 보호 중인 동물을 영리를 목적으로 분양하는 경우

⑧ 시·도지사 또는 시장·군수·구청장은 제7항에 따라 지정이 취소된 기관이나 단체를 지정이 취소된 날부터 1년 이내에는 다시 동물보호센터로 지정하여서는 아니 된다. 다만, 제7항제4호에 따라 지정이 취소된 기관이나 단체는 지정이 취소된 날부터 2년 이내에는 다시 동물보호센터로 지정하여서는 아니 된다. 〈개정 2017. 3.

21., 2018. 3. 20.〉

⑨ 동물보호센터 운영의 공정성과 투명성을 확보하기 위하여 농림축산식품부령으로 정하는 일정규모 이상의 동물보호센터는 농림축산식품부령으로 정하는 바에 따라 운영위원회를 구성·운영하여야 한다. 〈개정 2013. 3. 23., 2017. 3. 21.〉

⑩ 제1항 및 제4항에 따른 동물보호센터의 준수사항 등에 관한 사항은 농림축산식품부령으로 정하고, 지정절차 및 보호조치의 구체적인 내용 등 그 밖에 필요한 사항은 시·도의 조례로 정한다. 〈개정 2013. 3. 23., 2017. 3. 21.〉

제16조(신고 등) ① 누구든지 다음 각 호의 어느 하나에 해당하는 동물을 발견한 때에는 관할 지방자치단체의 장 또는 동물보호센터에 신고할 수 있다. 〈개정 2017. 3. 21.〉

1. 제8조에서 금지한 학대를 받는 동물

2. 유실·유기동물

② 다음 각 호의 어느 하나에 해당하는 자가 그 직무상 제1항에 따른 동물을 발견한 때에는 지체 없이 관할 지방자치단체의 장 또는 동물보호센터에 신고하여야 한다. 〈개정 2017. 3. 21.〉

1. 제4조제4항에 따른 민간단체의 임원 및 회원

2. 제15조제1항에 따라 설치되거나 같은 조 제4항에 따라 동물보호센터로 지정된 기관이나 단체의 장 및 그 종사자

3. 제25조제1항에 따라 동물실험윤리위원회를 설치한 동물실험시행기관의 장 및 그 종사자

4. 제27조제2항에 따른 동물실험윤리위원회의 위원

5. 제29조제1항에 따라 동물복지축산농장으로 인증을 받은 자

6. 제33조제1항에 따라 영업등록을 하거나 제34조제1항에 따라 영업허가를 받은 자 및 그 종사자

7. 수의사, 동물병원의 장 및 그 종사자

③ 신고인의 신분은 보장되어야 하며 그 의사에 반하여 신원이 노출되어서는 아니 된다.

제17조(공고) 시ㆍ도지사와 시장ㆍ군수ㆍ구청장은 제14조제1항제1호 및 제2호에 따른 동물을 보호하고 있는 경우에는 소유자등이 보호조치 사실을 알 수 있도록 대통령령으로 정하는 바에 따라 지체 없이 7일 이상 그 사실을 공고하여야 한다. 〈개정 2013. 4. 5.〉

제18조(동물의 반환 등) ① 시ㆍ도지사와 시장ㆍ군수ㆍ구청장은 다음 각 호의 어느 하나에 해당하는 사유가 발생한 경우에는 제14조에 해당하는 동물을 그 동물의 소유자에게 반환하여야 한다. 〈개정 2013. 4. 5., 2017. 3. 21.〉

1. 제14조제1항제1호 및 제2호에 해당하는 동물이 보호조치 중에 있고, 소유자가 그 동물에 대하여 반환을 요구하는 경우

2. 제14조제3항에 따른 보호기간이 지난 후, 보호조치 중인 제14조제1항제3호의 동물에 대하여 소유자가 제19조제2항에 따라 보호비용을 부담하고 반환을 요구하는 경우

② 시ㆍ도지사와 시장ㆍ군수ㆍ구청장은 제1항제2호에 해당하는 동물의 반환과 관련하여 동물의 소유자에게 보호기간, 보호비용 납부기한 및 면제 등에 관한 사항을 알려야 한다. 〈개정 2013. 4. 5.〉

제19조(보호비용의 부담) ① 시·도지사와 시장·군수·구청장은 제14조제1항제1호 및 제2호에 해당하는 동물의 보호비용을 소유자 또는 제21조제1항에 따라 분양을 받는 자에게 청구할 수 있다. 〈개정 2013. 4. 5.〉

② 제14조제1항제3호에 해당하는 동물의 보호비용은 농림축산식품부령으로 정하는 바에 따라 납부기한까지 그 동물의 소유자가 내야 한다. 이 경우 시·도지사와 시장·군수·구청장은 동물의 소유자가 제20조제2호에 따라 그 동물의 소유권을 포기한 경우에는 보호비용의 전부 또는 일부를 면제할 수 있다. 〈개정 2013. 3. 23., 2013. 4. 5.〉

③ 제1항 및 제2항에 따른 보호비용의 징수에 관한 사항은 대통령령으로 정하고, 보호비용의 산정 기준에 관한 사항은 농림축산식품부령으로 정하는 범위에서 해당 시·도의 조례로 정한다. 〈개정 2013. 3. 23.〉

제20조(동물의 소유권 취득) 시·도와 시·군·구가 동물의 소유권을 취득할 수 있는 경우는 다음 각 호와 같다. 〈개정 2013. 4. 5., 2017. 3. 21.〉

1. 「유실물법」 제12조 및 「민법」 제253조에도 불구하고 제17조에 따라 공고한 날부터 10일이 지나도 동물의 소유자등을 알 수 없는 경우

2. 제14조제1항제3호에 해당하는 동물의 소유자가 그 동물의 소유권을 포기한 경우

3. 제14조제1항제3호에 해당하는 동물의 소유자가 제19조제2항

에 따른 보호비용의 납부기한이 종료된 날부터 10일이 지나도 보호비용을 납부하지 아니한 경우

4. 동물의 소유자를 확인한 날부터 10일이 지나도 정당한 사유 없이 동물의 소유자와 연락이 되지 아니하거나 소유자가 반환받을 의사를 표시하지 아니한 경우

제21조(동물의 분양ㆍ기증) ① 시ㆍ도지사와 시장ㆍ군수ㆍ구청장은 제20조에 따라 소유권을 취득한 동물이 적정하게 사육ㆍ관리될 수 있도록 시ㆍ도의 조례로 정하는 바에 따라 동물원, 동물을 애호하는 자(시ㆍ도의 조례로 정하는 자격요건을 갖춘 자로 한정한다)나 대통령령으로 정하는 민간단체 등에 기증하거나 분양할 수 있다. 〈개정 2013. 4. 5.〉

② 시ㆍ도지사와 시장ㆍ군수ㆍ구청장은 제20조에 따라 소유권을 취득한 동물에 대하여는 제1항에 따라 분양될 수 있도록 공고할 수 있다. 〈개정 2013. 4. 5.〉

③ 제1항에 따른 기증ㆍ분양의 요건 및 절차 등 그 밖에 필요한 사항은 시ㆍ도의 조례로 정한다.

제22조(동물의 인도적인 처리 등) ① 제15조제1항 및 제4항에 따른 동물보호센터의 장 및 운영자는 제14조제1항에 따라 보호조치 중인 동물에게 질병 등 농림축산식품부령으로 정하는 사유가 있는 경우에는 농림축산식품부장관이 정하는 바에 따라 인도적인 방법으로 처리하여야 한다. 〈개정 2013. 3. 23., 2017. 3. 21.〉

② 제1항에 따른 인도적인 방법에 따른 처리는 수의사에 의하여 시행되어야 한다.

③ 동물보호센터의 장은 제1항에 따라 동물의 사체가 발생한 경우 「폐기물관리법」에 따라 처리하거나 제33조에 따라 동물장묘업의 등록을 한 자가 설치·운영하는 동물장묘시설에서 처리하여야 한다. 〈개정 2017. 3. 21.〉

제3장 동물실험

제23조(동물실험의 원칙) ① 동물실험은 인류의 복지 증진과 동물 생명의 존엄성을 고려하여 실시하여야 한다.

② 동물실험을 하려는 경우에는 이를 대체할 수 있는 방법을 우선적으로 고려하여야 한다.

③ 동물실험은 실험에 사용하는 동물(이하 "실험동물"이라 한다)의 윤리적 취급과 과학적 사용에 관한 지식과 경험을 보유한 자가 시행하여야 하며 필요한 최소한의 동물을 사용하여야 한다.

④ 실험동물의 고통이 수반되는 실험은 감각능력이 낮은 동물을 사용하고 진통·진정·마취제의 사용 등 수의학적 방법에 따라 고통을 덜어주기 위한 적절한 조치를 하여야 한다.

⑤ 동물실험을 한 자는 그 실험이 끝난 후 지체 없이 해당 동물을 검사하여야 하며, 검사 결과 정상적으로 회복한 동물은 분양하거나 기증할 수 있다. 〈개정 2018. 3. 20.〉

⑥ 제5항에 따른 검사 결과 해당 동물이 회복할 수 없거나 지속적으로 고통을 받으며 살아야 할 것으로 인정되는 경우에는 신속하게 고통을 주지 아니하는 방법으로 처리하여야 한다. 〈신설 2018. 3. 20.〉

⑦ 제1항부터 제6항까지에서 규정한 사항 외에 동물실험의 원칙에 관하여 필요한 사항은 농림축산식품부장관이 정하여 고시한다. 〈개정 2013. 3. 23., 2018. 3. 20.〉

제24조(동물실험의 금지 등) 누구든지 다음 각 호의 동물실험을 하여서는 아니 된다. 다만, 해당 동물종(種)의 건강, 질병관리연구 등 농림축산식품부령으로 정하는 불가피한 사유로 농림축산식품부령으로 정하는 바에 따라 승인을 받은 경우에는 그러하지 아니하다. 〈개정 2013. 3. 23., 2020. 2. 11.〉

1. 유실·유기동물(보호조치 중인 동물을 포함한다)을 대상으로 하는 실험

2. 「장애인복지법」 제40조에 따른 장애인 보조견 등 사람이나 국가를 위하여 봉사하고 있거나 봉사한 동물로서 대통령령으로 정하는 동물을 대상으로 하는 실험

제24조의2(미성년자 동물 해부실습의 금지) 누구든지 미성년자(19세 미만의 사람을 말한다. 이하 같다)에게 체험·교육·시험·연구 등의 목적으로 동물(사체를 포함한다) 해부실습을 하게 하여서는 아니 된다. 다만, 「초·중등교육법」 제2조에 따른 학교 또는 동물실험시행기관 등이 시행하는 경우 등 농림축산식품부령으로 정하는 경우에는 그러하지 아니하다.

[본조신설 2018. 3. 20.]

제25조(동물실험윤리위원회의 설치 등) ① 동물실험시행기관의 장은 실험동물의 보호와 윤리적인 취급을 위하여 제27조에 따라 동물실험윤리위원회(이하 "윤리위원회"라 한다)를 설치·운영하여야 한다.

다만, 동물실험시행기관에 「실험동물에 관한 법률」 제7조에 따른 실험동물운영위원회가 설치되어 있고, 그 위원회의 구성이 제27조제2항부터 제4항까지에 규정된 요건을 충족할 경우에는 해당 위원회를 윤리위원회로 본다.

② 농림축산식품부령으로 정하는 일정 기준 이하의 동물실험시행기관은 다른 동물실험시행기관과 공동으로 농림축산식품부령으로 정하는 바에 따라 윤리위원회를 설치·운영할 수 있다. 〈개정 2013. 3. 23.〉

③ 동물실험시행기관의 장은 동물실험을 하려면 윤리위원회의 심의를 거쳐야 한다.

제26조(윤리위원회의 기능 등) ① 윤리위원회는 다음 각 호의 기능을 수행한다.

1. 동물실험에 대한 심의
2. 동물실험이 제23조의 원칙에 맞게 시행되도록 지도·감독
3. 동물실험시행기관의 장에게 실험동물의 보호와 윤리적인 취급을 위하여 필요한 조치 요구

② 윤리위원회의 심의대상인 동물실험에 관여하고 있는 위원은 해당 동물실험에 관한 심의에 참여하여서는 아니 된다.

③ 윤리위원회의 위원은 그 직무를 수행하면서 알게 된 비밀을 누설하거나 도용하여서는 아니 된다.

④ 제1항에 따른 지도·감독의 방법과 그 밖에 윤리위원회의 운영 등에 관한 사항은 대통령령으로 정한다.

제27조(윤리위원회의 구성) ① 윤리위원회는 위원장 1명을 포함하여

3명 이상 15명 이하의 위원으로 구성한다.

② 위원은 다음 각 호에 해당하는 사람 중에서 동물실험시행기관의 장이 위촉하며, 위원장은 위원 중에서 호선(互選)한다. 다만, 제25조제2항에 따라 구성된 윤리위원회의 위원은 해당 동물실험시행기관의 장들이 공동으로 위촉한다. 〈개정 2013. 3. 23., 2017. 3. 21.〉

1. 수의사로서 농림축산식품부령으로 정하는 자격기준에 맞는 사람

2. 제4조제4항에 따른 민간단체가 추천하는 동물보호에 관한 학식과 경험이 풍부한 사람으로서 농림축산식품부령으로 정하는 자격기준에 맞는 사람

3. 그 밖에 실험동물의 보호와 윤리적인 취급을 도모하기 위하여 필요한 사람으로서 농림축산식품부령으로 정하는 사람

③ 윤리위원회에는 제2항제1호 및 제2호에 해당하는 위원을 각각 1명 이상 포함하여야 한다.

④ 윤리위원회를 구성하는 위원의 3분의 1 이상은 해당 동물실험시행기관과 이해관계가 없는 사람이어야 한다.

⑤ 위원의 임기는 2년으로 한다.

⑥ 그 밖에 윤리위원회의 구성 및 이해관계의 범위 등에 관한 사항은 농림축산식품부령으로 정한다. 〈개정 2013. 3. 23.〉

제28조(윤리위원회의 구성 등에 대한 지도 · 감독) ① 농림축산식품부장관은 제25조제1항 및 제2항에 따라 윤리위원회를 설치한 동물실험시행기관의 장에게 제26조 및 제27조에 따른 윤리위원회의 구성 · 운영 등에 관하여 지도 · 감독을 할 수 있다. 〈개정 2013. 3. 23.〉

② 농림축산식품부장관은 윤리위원회가 제26조 및 제27조에 따라

구성·운영되지 아니할 때에는 해당 동물실험시행기관의 장에게 대통령령으로 정하는 바에 따라 기간을 정하여 해당 윤리위원회의 구성·운영 등에 대한 개선명령을 할 수 있다. 〈개정 2013. 3. 23.〉

제4장 동물복지축산농장의 인증

제29조(동물복지축산농장의 인증) ① 농림축산식품부장관은 동물복지 증진에 이바지하기 위하여 「축산물위생관리법」 제2조제1호에 따른 가축으로서 농림축산식품부령으로 정하는 동물이 본래의 습성 등을 유지하면서 정상적으로 살 수 있도록 관리하는 축산농장을 동물복지축산농장으로 인증할 수 있다. 〈개정 2013. 3. 23.〉

② 제1항에 따라 인증을 받으려는 자는 농림축산식품부령으로 정하는 바에 따라 농림축산식품부장관에게 신청하여야 한다. 〈개정 2013. 3. 23.〉

③ 농림축산식품부장관은 동물복지축산농장으로 인증된 축산농장에 대하여 다음 각 호의 지원을 할 수 있다. 〈개정 2013. 3. 23.〉

1. 동물의 보호 및 복지 증진을 위하여 축사시설 개선에 필요한 비용

2. 동물복지축산농장의 환경개선 및 경영에 관한 지도·상담 및 교육

④ 농림축산식품부장관은 동물복지축산농장으로 인증을 받은 자가 거짓이나 그 밖의 부정한 방법으로 인증을 받은 경우 그 인증을 취소하여야 하고, 제7항에 따른 인증기준에 맞지 아니하게 된 경우 그 인증을 취소할 수 있다. 〈개정 2013. 3. 23.〉

⑤ 제4항에 따라 인증이 취소된 자(법인인 경우에는 그 대표자를 포함한다)는 그 인증이 취소된 날부터 1년 이내에는 제1항에 따른 동물복지축산농장 인증을 신청할 수 없다.

⑥ 농림축산식품부장관, 시·도지사, 시장·군수·구청장, 「축산자조금의 조성 및 운용에 관한 법률」 제2조제3호에 따른 축산단체, 제4조제4항에 따른 민간단체는 동물복지축산농장의 운영사례를 교육·홍보에 적극 활용하여야 한다. 〈개정 2013. 3. 23., 2017. 3. 21.〉

⑦ 제1항부터 제6항까지에서 규정한 사항 외에 동물복지축산농장의 인증 기준·절차 및 인증농장의 표시 등에 관한 사항은 농림축산식품부령으로 정한다. 〈개정 2013. 3. 23.〉

제30조(부정행위의 금지) 누구든지 다음 각 호에 해당하는 행위를 하여서는 아니 된다.

1. 거짓이나 그 밖의 부정한 방법으로 동물복지축산농장 인증을 받은 행위

2. 제29조에 따른 인증을 받지 아니한 축산농장을 동물복지축산농장으로 표시하는 행위

제31조(인증의 승계) ① 다음 각 호의 어느 하나에 해당하는 자는 동물복지축산농장 인증을 받은 자의 지위를 승계한다.

1. 동물복지축산농장 인증을 받은 사람이 사망한 경우 그 농장을 계속하여 운영하려는 상속인

2. 동물복지축산농장 인증을 받은 사람이 그 사업을 양도한 경우 그 양수인

3. 동물복지축산농장 인증을 받은 법인이 합병한 경우 합병 후

존속하는 법인이나 합병으로 설립되는 법인

② 제1항에 따라 동물복지축산농장 인증을 받은 자의 지위를 승계한 자는 30일 이내에 농림축산식품부장관에게 신고하여야 하다. 〈개정 2013. 3. 23.〉

③ 제2항에 따른 신고에 필요한 사항은 농림축산식품부령으로 정한다. 〈개정 2013. 3. 23.〉

제5장 영업

제32조(영업의 종류 및 시설기준 등) ① 반려동물과 관련된 다음 각 호의 영업을 하려는 자는 농림축산식품부령으로 정하는 기준에 맞는 시설과 인력을 갖추어야 한다. 〈개정 2013. 3. 23., 2013. 8. 13., 2017. 3. 21., 2020. 2. 11.〉

1. 동물장묘업(動物葬墓業)
2. 동물판매업
3. 동물수입업
4. 동물생산업
5. 동물전시업
6. 동물위탁관리업
7. 동물미용업
8. 동물운송업

② 제1항 각 호에 따른 영업의 세부 범위는 농림축산식품부령으로 정한다. 〈개정 2013. 3. 23.〉

제33조(영업의 등록) ① 제32조제1항제1호부터 제3호까지 및 제5호

부터 제8호까지의 규정에 따른 영업을 하려는 자는 농림축산식품부령으로 정하는 바에 따라 시장·군수·구청장에게 등록하여야 한다. 〈개정 2013. 3. 23., 2017. 3. 21.〉

② 제1항에 따라 등록을 한 자는 농림축산식품부령으로 정하는 사항을 변경하거나 폐업·휴업 또는 그 영업을 재개하려는 경우에는 미리 농림축산식품부령으로 정하는 바에 따라 시장·군수·구청장에게 신고를 하여야 한다. 〈개정 2013. 3. 23.〉

③ 시장·군수·구청장은 제2항에 따른 변경신고를 받은 경우 그 내용을 검토하여 이 법에 적합하면 신고를 수리하여야 한다. 〈신설 2019. 8. 27.〉

④ 다음 각 호의 어느 하나에 해당하는 경우에는 제1항에 따른 등록을 할 수 없다. 다만, 제5호는 제32조제1항제1호에 따른 영업에만 적용한다. 〈개정 2014. 3. 24., 2017. 3. 21., 2018. 12. 24., 2019. 8. 27.〉

1. 등록을 하려는 자(법인인 경우에는 임원을 포함한다. 이하 이 조에서 같다)가 미성년자, 피한정후견인 또는 피성년후견인인 경우

2. 제32조제1항 각 호 외의 부분에 따른 시설 및 인력의 기준에 맞지 아니한 경우

3. 제38조제1항에 따라 등록이 취소된 후 1년이 지나지 아니한 자(법인인 경우에는 그 대표자를 포함한다)가 취소된 업종과 같은 업종을 등록하려는 경우

4. 등록을 하려는 자가 이 법을 위반하여 벌금형 이상의 형을 선고받고 그 형이 확정된 날부터 3년이 지나지 아니한 경우. 다만, 제

8조를 위반하여 벌금형 이상의 형을 선고받은 경우에는 그 형이 확정된 날부터 5년으로 한다.

5. 다음 각 목의 어느 하나에 해당하는 지역에 동물장묘시설을 설치하려는 경우

가. 「장사 등에 관한 법률」 제17조에 해당하는 지역

나. 20호 이상의 인가밀집지역, 학교, 그 밖에 공중이 수시로 집합하는 시설 또는 장소로부터 300미터 이하 떨어진 곳. 다만, 토지나 지형의 상황으로 보아 해당 시설의 기능이나 이용 등에 지장이 없는 경우로서 시장·군수·구청장이 인정하는 경우에는 적용을 제외한다.

제33조의2(공설 동물장묘시설의 설치·운영 등) ① 지방자치단체의 장은 반려동물을 위한 장묘시설(이하 "공설 동물장묘시설"이라 한다)을 설치·운영할 수 있다. 〈개정 2020. 2. 11.〉

② 국가는 제1항에 따라 공설 동물장묘시설을 설치·운영하는 지방자치단체에 대해서는 예산의 범위에서 시설의 설치에 필요한 경비를 지원할 수 있다.

[본조신설 2018. 12. 24.]

제33조의3(공설 동물장묘시설의 사용료 등) 지방자치단체의 장이 공설 동물장묘시설을 사용하는 자에게 부과하는 사용료 또는 관리비의 금액과 부과방법, 사용료 또는 관리비의 용도, 그 밖에 필요한 사항은 해당 지방자치단체의 조례로 정한다. 이 경우 사용료 및 관리비의 금액은 토지가격, 시설물 설치·조성비용, 지역주민 복지증진 등을 고려하여 정하여야 한다.

[본조신설 2018. 12. 24.]

제34조(영업의 허가) ① 제32조제1항제4호에 규정된 영업을 하려는 자는 농림축산식품부령으로 정하는 바에 따라 시장·군수·구청장에게 허가를 받아야 한다. 〈개정 2013. 3. 23., 2017. 3. 21.〉

② 제1항에 따라 허가를 받은 자가 농림축산식품부령으로 정하는 사항을 변경하거나 폐업·휴업 또는 그 영업을 재개하려면 미리 농림축산식품부령으로 정하는 바에 따라 시장·군수·구청장에게 신고를 하여야 한다. 〈개정 2013. 3. 23., 2017. 3. 21.〉

③ 시장·군수·구청장은 제2항에 따른 변경신고를 받은 경우 그 내용을 검토하여 이 법에 적합하면 신고를 수리하여야 한다. 〈신설 2019. 8. 27.〉

④ 다음 각 호의 어느 하나에 해당하는 경우에는 제1항에 따른 허가를 받을 수 없다. 〈개정 2014. 3. 24., 2017. 3. 21., 2018. 12. 24., 2019. 8. 27.〉

1. 허가를 받으려는 자(법인인 경우에는 임원을 포함한다. 이하 이 조에서 같다)가 미성년자, 피한정후견인 또는 피성년후견인인 경우

2. 제32조제1항 각 호 외의 부분에 따른 시설과 인력을 갖추지 아니한 경우

3. 제37조제1항에 따른 교육을 받지 아니한 경우

4. 제38조제1항에 따라 허가가 취소된 후 1년이 지나지 아니한 자(법인인 경우에는 그 대표자를 포함한다)가 취소된 업종과 같은 업종의 허가를 받으려는 경우

5. 허가를 받으려는 자가 이 법을 위반하여 벌금형 이상의 형을 선고받고 그 형이 확정된 날부터 3년이 지나지 아니한 경우. 다만, 제8조를 위반하여 벌금형 이상의 형을 선고받은 경우에는 그 형이 확정된 날부터 5년으로 한다.

[제목개정 2017. 3. 21.]

제35조(영업의 승계) ① 제33조제1항에 따라 영업등록을 하거나 제34조제1항에 따라 영업허가를 받은 자(이하 "영업자"라 한다)가 그 영업을 양도하거나 사망하였을 때 또는 법인의 합병이 있을 때에는 그 양수인·상속인 또는 합병 후 존속하는 법인이나 합병으로 설립되는 법인(이하 "양수인등"이라 한다)은 그 영업자의 지위를 승계한다. 〈개정 2017. 3. 21.〉

② 다음 각 호의 어느 하나에 해당하는 절차에 따라 영업시설의 전부를 인수한 자는 그 영업자의 지위를 승계한다.

1. 「민사집행법」에 따른 경매

2. 「채무자 회생 및 파산에 관한 법률」에 따른 환가(換價)

3. 「국세징수법」·「관세법」 또는 「지방세법」에 따른 압류재산의 매각

4. 제1호부터 제3호까지의 규정 중 어느 하나에 준하는 절차

③ 제1항 또는 제2항에 따라 영업자의 지위를 승계한 자는 승계한 날부터 30일 이내에 농림축산식품부령으로 정하는 바에 따라 시장·군수·구청장에게 신고하여야 한다. 〈개정 2013. 3. 23.〉

④ 제1항 및 제2항에 따른 승계에 관하여는 제33조제4항 및 제34조제4항을 준용하되, 제33조제4항 중 "등록"과 제34조제4항 중

"허가"는 "신고"로 본다. 다만, 상속인이 제33조제4항제1호 또는 제34조제4항제1호에 해당하는 경우에는 상속을 받은 날부터 3개월 동안은 그러하지 아니하다. 〈개정 2017. 3. 21., 2019. 8. 27.〉

제36조(영업자 등의 준수사항) ① 영업자(법인인 경우에는 그 대표자를 포함한다)와 그 종사자는 다음 각 호에 관하여 농림축산식품부령으로 정하는 사항을 지켜야 한다. 〈개정 2013. 3. 23., 2017. 3. 21., 2020. 2. 11.〉

1. 동물의 사육·관리에 관한 사항
2. 동물의 생산등록, 동물의 반입·반출 기록의 작성·보관에 관한 사항
3. 동물의 판매가능 월령, 건강상태 등 판매에 관한 사항
4. 동물 사체의 적정한 처리에 관한 사항
5. 영업시설 운영기준에 관한 사항
6. 영업 종사자의 교육에 관한 사항
7. 등록대상동물의 등록 및 변경신고의무(등록·변경신고방법 및 위반 시 처벌에 관한 사항 등을 포함한다) 고지에 관한 사항
8. 그 밖에 동물의 보호와 공중위생상의 위해 방지를 위하여 필요한 사항

② 제32조제1항제2호에 따른 동물판매업을 하는 자(이하 "동물판매업자"라 한다)는 영업자를 제외한 구매자에게 등록대상동물을 판매하는 경우 그 구매자의 명의로 제12조제1항에 따른 등록대상동물의 등록 신청을 한 후 판매하여야 한다. 〈신설 2020. 2. 11.〉

③ 동물판매업자는 제12조제5항에 따른 등록 방법 중 구매자가

원하는 방법으로 제2항에 따른 등록대상동물의 등록 신청을 하여야 한다. 〈신설 2020. 2. 11.〉

제37조(교육) ① 제32조제1항제2호부터 제8호까지의 규정에 해당하는 영업을 하려는 자와 제38조에 따른 영업정지 처분을 받은 영업자는 동물의 보호 및 공중위생상의 위해 방지 등에 관한 교육을 받아야 한다. 〈개정 2017. 3. 21.〉

② 제32조제1항제2호부터 제8호까지의 규정에 해당하는 영업을 하는 자는 연 1회 이상 교육을 받아야 한다. 〈신설 2017. 3. 21.〉

③ 제1항에 따라 교육을 받아야 하는 영업자로서 교육을 받지 아니한 영업자는 그 영업을 하여서는 아니 된다. 〈개정 2017. 3. 21.〉

④ 제1항에 따라 교육을 받아야 하는 영업자가 영업에 직접 종사하지 아니하거나 두 곳 이상의 장소에서 영업을 하는 경우에는 종사자 중에서 책임자를 지정하여 영업자 대신 교육을 받게 할 수 있다. 〈개정 2017. 3. 21.〉

⑤ 제1항에 따른 교육의 실시기관, 교육 내용 및 방법 등에 관한 사항은 농림축산식품부령으로 정한다. 〈개정 2013. 3. 23., 2017. 3. 21.〉

제38조(등록 또는 허가 취소 등) ① 시장·군수·구청장은 영업자가 다음 각 호의 어느 하나에 해당할 경우에는 농림축산식품부령으로 정하는 바에 따라 그 등록 또는 허가를 취소하거나 6개월 이내의 기간을 정하여 그 영업의 전부 또는 일부의 정지를 명할 수 있다. 다만, 제1호에 해당하는 경우에는 등록 또는 허가를 취소하여야 한

다. <개정 2013. 3. 23., 2017. 3. 21.>

1. 거짓이나 그 밖의 부정한 방법으로 등록을 하거나 허가를 받은 것이 판명된 경우

2. 제8조제1항부터 제3항까지의 규정을 위반하여 동물에 대한 학대행위 등을 한 경우

3. 등록 또는 허가를 받은 날부터 1년이 지나도 영업을 시작하지 아니한 경우

4. 제32조제1항 각 호 외의 부분에 따른 기준에 미치지 못하게 된 경우

5. 제33조제2항 및 제34조제2항에 따라 변경신고를 하지 아니한 경우

6. 제36조에 따른 준수사항을 지키지 아니한 경우

② 제1항에 따른 처분의 효과는 그 처분기간이 만료된 날부터 1년간 양수인등에게 승계되며, 처분의 절차가 진행 중일 때에는 양수인등에 대하여 처분의 절차를 행할 수 있다. 다만, 양수인등이 양수·상속 또는 합병 시에 그 처분 또는 위반사실을 알지 못하였음을 증명하는 경우에는 그러하지 아니하다.

[제목개정 2017. 3. 21.]

제38조의2(영업자에 대한 점검 등) 시장·군수·구청장은 영업자에 대하여 제32조제1항에 따른 시설 및 인력 기준과 제36조에 따른 준수사항의 준수 여부를 매년 1회 이상 점검하고, 그 결과를 다음 연도 1월 31일까지 시·도지사를 거쳐 농림축산식품부장관에게 보고하여야 한다.

[본조신설 2017. 3. 21.]

제6장 보칙

제39조(출입·검사 등) ① 농림축산식품부장관, 시·도지사 또는 시장·군수·구청장은 동물의 보호 및 공중위생상의 위해 방지 등을 위하여 필요하면 동물의 소유자등에 대하여 다음 각 호의 조치를 할 수 있다. 〈개정 2013. 3. 23.〉

1. 동물 현황 및 관리실태 등 필요한 자료제출의 요구
2. 동물이 있는 장소에 대한 출입·검사
3. 동물에 대한 위해 방지 조치의 이행 등 농림축산식품부령으로 정하는 시정명령

② 농림축산식품부장관, 시·도지사 또는 시장·군수·구청장은 동물보호 등과 관련하여 필요하면 영업자나 다음 각 호의 어느 하나에 해당하는 자에게 필요한 보고를 하도록 명하거나 자료를 제출하게 할 수 있으며, 관계 공무원으로 하여금 해당 시설 등에 출입하여 운영실태를 조사하게 하거나 관계 서류를 검사하게 할 수 있다. 〈개정 2013. 3. 23., 2017. 3. 21.〉

1. 제15조제1항 및 제4항에 따른 동물보호센터의 장
2. 제25조제1항 및 제2항에 따라 윤리위원회를 설치한 동물실험시행기관의 장
3. 제29조제1항에 따라 동물복지축산농장으로 인증받은 자

③ 농림축산식품부장관, 시·도지사 또는 시장·군수·구청장이 제1항제2호 및 제2항에 따른 출입·검사를 할 때에는 출입·검사

시작 7일 전까지 대상자에게 다음 각 호의 사항이 포함된 출입·검사 계획을 통지하여야 한다. 다만, 출입·검사 계획을 미리 통지할 경우 그 목적을 달성할 수 없다고 인정하는 경우에는 출입·검사를 착수할 때에 통지할 수 있다. 〈개정 2013. 3. 23.〉

1. 출입·검사 목적
2. 출입·검사 기간 및 장소
3. 관계 공무원의 성명과 직위
4. 출입·검사의 범위 및 내용
5. 제출할 자료

제40조(동물보호감시원) ① 농림축산식품부장관(대통령령으로 정하는 소속 기관의 장을 포함한다), 시·도지사 및 시장·군수·구청장은 동물의 학대 방지 등 동물보호에 관한 사무를 처리하기 위하여 소속 공무원 중에서 동물보호감시원을 지정하여야 한다. 〈개정 2013. 3. 23.〉

② 제1항에 따른 동물보호감시원(이하 "동물보호감시원"이라 한다)의 자격, 임명, 직무 범위 등에 관한 사항은 대통령령으로 정한다.

③ 동물보호감시원이 제2항에 따른 직무를 수행할 때에는 농림축산식품부령으로 정하는 증표를 지니고 이를 관계인에게 보여주어야 한다. 〈개정 2013. 3. 23.〉

④ 누구든지 동물의 특성에 따른 출산, 질병 치료 등 부득이한 사유가 없으면 제2항에 따른 동물보호감시원의 직무 수행을 거부·방해 또는 기피하여서는 아니 된다.

제41조(동물보호명예감시원) ① 농림축산식품부장관, 시·도지사 및 시장·군수·구청장은 동물의 학대 방지 등 동물보호를 위한 지도·계몽 등을 위하여 동물보호명예감시원을 위촉할 수 있다. 〈개정 2013. 3. 23.〉

② 제1항에 따른 동물보호명예감시원(이하 "명예감시원"이라 한다)의 자격, 위촉, 해촉, 직무, 활동 범위와 수당의 지급 등에 관한 사항은 대통령령으로 정한다.

③ 명예감시원은 제2항에 따른 직무를 수행할 때에는 부정한 행위를 하거나 권한을 남용하여서는 아니 된다.

④ 명예감시원이 그 직무를 수행하는 경우에는 신분을 표시하는 증표를 지니고 이를 관계인에게 보여주어야 한다.

제41조의2 삭제 〈2020. 2. 11.〉

제42조(수수료) 다음 각 호의 어느 하나에 해당하는 자는 농림축산식품부령으로 정하는 바에 따라 수수료를 내야 한다. 다만, 제1호에 해당하는 자에 대하여는 시·도의 조례로 정하는 바에 따라 수수료를 감면할 수 있다. 〈개정 2013. 3. 23., 2017. 3. 21.〉

1. 제12조제1항에 따라 등록대상동물을 등록하려는 자
2. 제29조제1항에 따라 동물복지축산농장 인증을 받으려는 자
3. 제33조 및 제34조에 따라 영업의 등록을 하려거나 허가를 받으려는 자 또는 변경신고를 하려는 자

제43조(청문) 농림축산식품부장관, 시·도지사 또는 시장·군수·구청장은 다음 각 호의 어느 하나에 해당하는 처분을 하려면 청문을 하여야 한다. 〈개정 2013. 3. 23., 2017. 3. 21.〉

1. 제15조제7항에 따른 동물보호센터의 지정 취소

2. 제29조제4항에 따른 동물복지축산농장의 인증 취소

3. 제38조제1항에 따른 영업등록 또는 허가의 취소

제44조(권한의 위임) 농림축산식품부장관은 대통령령으로 정하는 바에 따라 이 법에 따른 권한의 일부를 소속 기관의 장 또는 시·도지사에게 위임할 수 있다. 〈개정 2013. 3. 23.〉

제45조(실태조사 및 정보의 공개) ① 농림축산식품부장관은 다음 각 호의 정보와 자료를 수집·조사·분석하고 그 결과를 해마다 정기적으로 공표하여야 한다. 〈개정 2013. 3. 23., 2017. 3. 21.〉

1. 제4조제1항의 동물복지종합계획 수립을 위한 동물보호 및 동물복지 실태에 관한 사항

2. 제12조에 따른 등록대상동물의 등록에 관한 사항

3. 제14조부터 제22조까지의 규정에 따른 동물보호센터와 유실·유기동물 등의 치료·보호 등에 관한 사항

4. 제25조부터 제28조까지의 규정에 따른 윤리위원회의 운영 및 동물실험 실태, 지도·감독 등에 관한 사항

5. 제29조에 따른 동물복지축산농장 인증현황 등에 관한 사항

6. 제33조 및 제34조에 따른 영업의 등록·허가와 운영실태에 관한 사항

7. 제38조의2에 따른 영업자에 대한 정기점검에 관한 사항

8. 그 밖에 동물보호 및 동물복지 실태와 관련된 사항

② 농림축산식품부장관은 제1항에 따른 업무를 효율적으로 추진하기 위하여 실태조사를 실시할 수 있으며, 실태조사를 위하여 필요

한 경우 관계 중앙행정기관의 장, 지방자치단체의 장, 공공기관(「공공기관의 운영에 관한 법률」 제4조에 따른 공공기관을 말한다. 이하 같다)의 장, 관련 기관 및 단체, 동물의 소유자등에게 필요한 자료 및 정보의 제공을 요청할 수 있다. 이 경우 자료 및 정보의 제공을 요청받은 자는 정당한 사유가 없는 한 자료 및 정보를 제공하여야 한다. 〈개정 2013. 3. 23.〉

③ 제2항에 따른 실태조사(현장조사를 포함한다)의 범위, 방법, 그 밖에 필요한 사항은 대통령령으로 정한다.

④ 시·도지사, 시장·군수·구청장 또는 동물실험시행기관의 장은 제1항제1호부터 제4호까지 및 제6호의 실적을 다음 해 1월 31일까지 농림축산식품부장관(대통령령으로 정하는 그 소속 기관의 장을 포함한다)에게 보고하여야 한다. 〈개정 2013. 3. 23.〉

제7장 벌칙

제46조(벌칙) ① 다음 각 호의 어느 하나에 해당하는 자는 3년 이하의 징역 또는 3천만원 이하의 벌금에 처한다. 〈신설 2018. 3. 20., 2020. 2. 11.〉

1. 제8조제1항을 위반하여 동물을 죽음에 이르게 하는 학대행위를 한 자
2. 제13조제2항 또는 제13조의2제1항을 위반하여 사람을 사망에 이르게 한 자

② 다음 각 호의 어느 하나에 해당하는 자는 2년 이하의 징역 또는 2천만원 이하의 벌금에 처한다. 〈개정 2017. 3. 21., 2018. 3.

20., 2020. 2. 11.〉

1. 제8조제2항 또는 제3항을 위반하여 동물을 학대한 자

1의2. 제8조제4항을 위반하여 맹견을 유기한 소유자등

1의3. 제13조제2항에 따른 목줄 등 안전조치 의무를 위반하여 사람의 신체를 상해에 이르게 한 자

1의4. 제13조의2제1항을 위반하여 사람의 신체를 상해에 이르게 한 자

2. 제30조제1호를 위반하여 거짓이나 그 밖의 부정한 방법으로 동물복지축산농장 인증을 받은 자

3. 제30조제2호를 위반하여 인증을 받지 아니한 농장을 동물복지축산농장으로 표시한 자

③ 다음 각 호의 어느 하나에 해당하는 자는 500만원 이하의 벌금에 처한다. 〈개정 2017. 3. 21., 2018. 3. 20.〉

1. 제26조제3항을 위반하여 비밀을 누설하거나 도용한 윤리위원회의 위원

2. 제33조에 따른 등록 또는 신고를 하지 아니하거나 제34조에 따른 허가를 받지 아니하거나 신고를 하지 아니하고 영업을 한 자

3. 거짓이나 그 밖의 부정한 방법으로 제33조에 따른 등록 또는 신고를 하거나 제34조에 따른 허가를 받거나 신고를 한 자

4. 제38조에 따른 영업정지기간에 영업을 한 영업자

④ 다음 각 호의 어느 하나에 해당하는 자는 300만원 이하의 벌금에 처한다. 〈개정 2017. 3. 21., 2018. 3. 20., 2019. 8. 27., 2020. 2. 11.〉

1. 제8조제4항을 위반하여 동물을 유기한 소유자등

2. 제8조제5항제1호를 위반하여 사진 또는 영상물을 판매 · 전시 · 전달 · 상영하거나 인터넷에 게재한 자

3. 제8조제5항제2호를 위반하여 도박을 목적으로 동물을 이용한 자 또는 동물을 이용하는 도박을 행할 목적으로 광고 · 선전한 자

4. 제8조제5항제3호를 위반하여 도박 · 시합 · 복권 · 오락 · 유흥 · 광고 등의 상이나 경품으로 동물을 제공한 자

5. 제8조제5항제4호를 위반하여 영리를 목적으로 동물을 대여한 자

6. 제24조를 위반하여 동물실험을 한 자

⑤ 상습적으로 제1항부터 제3항까지의 죄를 지은 자는 그 죄에 정한 형의 2분의 1까지 가중한다. 〈개정 2017. 3. 21., 2018. 3. 20.〉

제46조의2(양벌규정) 법인의 대표자나 법인 또는 개인의 대리인, 사용인, 그 밖의 종업원이 그 법인 또는 개인의 업무에 관하여 제46조에 따른 위반행위를 하면 그 행위자를 벌하는 외에 그 법인 또는 개인에게도 해당 조문의 벌금형을 과한다. 다만, 법인 또는 개인이 그 위반행위를 방지하기 위하여 해당 업무에 관하여 상당한 주의와 감독을 게을리하지 아니한 경우에는 그러하지 아니하다.

[본조신설 2017. 3. 21.]

제47조(과태료) ① 다음 각 호의 어느 하나에 해당하는 자에게는 300만원 이하의 과태료를 부과한다. 〈신설 2017. 3. 21., 2018. 3. 20., 2020. 2. 11.〉

1. 삭제 〈2020. 2. 11.〉

2. 제9조의2를 위반하여 동물을 판매한 자

2의2. 제13조의2제1항제1호를 위반하여 소유자등 없이 맹견을 기르는 곳에서 벗어나게 한 소유자등

2의3. 제13조의2제1항제2호를 위반하여 월령이 3개월 이상인 맹견을 동반하고 외출할 때 안전장치 및 이동장치를 하지 아니한 소유자등

2의4. 제13조의2제1항제3호를 위반하여 사람에게 신체적 피해를 주지 아니하도록 관리하지 아니한 소유자등

2의5. 제13조의2제3항을 위반하여 맹견의 안전한 사육 및 관리에 관한 교육을 받지 아니한 소유자

2의6. 제13조의2제4항을 위반하여 보험에 가입하지 아니한 소유자

2의7. 제13조의3을 위반하여 맹견을 출입하게 한 소유자등

3. 제25조제1항을 위반하여 윤리위원회를 설치·운영하지 아니한 동물실험시행기관의 장

4. 제25조제3항을 위반하여 윤리위원회의 심의를 거치지 아니하고 동물실험을 한 동물실험시행기관의 장

5. 제28조제2항을 위반하여 개선명령을 이행하지 아니한 동물실험시행기관의 장

② 다음 각 호의 어느 하나에 해당하는 자에게는 100만원 이하의 과태료를 부과한다. 〈개정 2013. 8. 13., 2017. 3. 21., 2018. 3. 20.〉

1. 삭제 〈2017. 3. 21.〉

2. 제9조제1항제4호 또는 제5호를 위반하여 동물을 운송한 자

3. 제9조제1항을 위반하여 제32조제1항의 동물을 운송한 자

4. 삭제 〈2017. 3. 21.〉

5. 제12조제1항을 위반하여 등록대상동물을 등록하지 아니한 소유자

5의2. 제24조의2를 위반하여 미성년자에게 동물 해부실습을 하게 한 자

6. 삭제 〈2017. 3. 21.〉

7. 삭제 〈2017. 3. 21.〉

8. 제31조제2항을 위반하여 동물복지축산농장 인증을 받은 자의 지위를 승계하고 그 사실을 신고하지 아니한 자

9. 제35조제3항을 위반하여 영업자의 지위를 승계하고 그 사실을 신고하지 아니한 자

10. 제37조제2항 또는 제3항을 위반하여 교육을 받지 아니하고 영업을 한 영업자

11. 제39조제1항제1호에 따른 자료제출 요구에 응하지 아니하거나 거짓 자료를 제출한 동물의 소유자등

12. 제39조제1항제2호에 따른 출입·검사를 거부·방해 또는 기피한 동물의 소유자등

13. 제39조제1항제3호에 따른 시정명령을 이행하지 아니한 동물의 소유자등

14. 제39조제2항에 따른 보고·자료제출을 하지 아니하거나 거짓으로 보고·자료제출을 한 자 또는 같은 항에 따른 출입·조사를 거

부 · 방해 · 기피한 자

15. 제40조제4항을 위반하여 동물보호감시원의 직무 수행을 거부 · 방해 또는 기피한 자

③ 다음 각 호의 어느 하나에 해당하는 자에게는 50만원 이하의 과태료를 부과한다. 〈개정 2017. 3. 21.〉

1. 제12조제2항을 위반하여 정해진 기간 내에 신고를 하지 아니한 소유자

2. 제12조제3항을 위반하여 변경신고를 하지 아니한 소유권을 이전받은 자

3. 제13조제1항을 위반하여 인식표를 부착하지 아니한 소유자등

4. 제13조제2항을 위반하여 안전조치를 하지 아니하거나 배설물을 수거하지 아니한 소유자등

④ 제1항부터 제3항까지의 과태료는 대통령령으로 정하는 바에 따라 농림축산식품부장관, 시 · 도지사 또는 시장 · 군수 · 구청장이 부과 · 징수한다. 〈개정 2013. 3. 23., 2017. 3. 21.〉

부칙 〈제10995호, 2011. 8. 4.〉

제1조(시행일) 이 법은 공포 후 6개월이 경과한 날부터 시행한다. 다만, 제4조제2항 및 제12조제1항의 개정규정 중 특별자치시 및 특별자치시장에 관한 부분은 2012년 7월 1일부터 시행하고, 제12조(시장 · 군수 · 구청장과 관련된 부분은 제외한다), 제42조제1호, 제45조제1항제2호, 제47조제1항제2호 및 같은 조 제2항제1호 · 제2호의 개정규정은 2013년 1월 1일부터 시행한다.

제2조(일반적 경과조치) ① 이 법 시행 당시 종전의 규정에 따라 행정기관이 한 행위나 행정기관에 대하여 한 행위는 이 법에 따른 행정기관의 행위 또는 행정기관에 대한 행위로 본다.

제3조(동물보호센터에 관한 경과조치) 이 법 시행 당시 종전의 규정에 따른 보호시설은 제15조제1항의 개정규정에 따른 동물보호센터로, 종전의 규정에 따른 위탁보호시설은 제15조제3항의 개정규정에 따른 동물보호센터로 지정된 것으로 본다.

제4조(유기동물 공고에 관한 경과조치) 이 법 시행 당시 종전의 규정에 따라 유기동물을 공고한 경우에는 제17조의 개정규정에 따라 공고된 것으로 본다.

제5조(윤리위원회 구성에 관한 경과조치) 이 법 시행 당시 종전의 규정에 따른 윤리위원회는 제25조의 개정규정에 따른 윤리위원회로 보며, 이 법 시행 당시 종전의 규정에 따라 위촉된 위원은 이 법 시행일에 위촉된 것으로 본다.

제6조(영업의 등록에 관한 경과조치) 이 법 시행 당시 종전의 규정에 따라 동물생산업을 등록한 자는 제34조제1항의 개정규정에 따라 동물생산업을 신고한 자로 본다.

제7조(벌칙 및 과태료에 관한 경과조치) 이 법 시행 전의 행위에 대하여 벌칙이나 과태료 규정을 적용할 때에는 종전의 규정에 따른다.

제8조(다른 법률과의 관계) 이 법 시행 당시 다른 법령에서 종전의 「동물보호법」의 규정을 인용한 경우 이 법 가운데 그에 해당하는 규정이 있으면 종전의 규정을 갈음하여 이 법의 해당 규정을 인용한 것으로 본다.

부칙 〈제11690호, 2013. 3. 23.〉 (정부조직법)

제1조(시행일) ① 이 법은 공포한 날부터 시행한다.

② 생략

제2조 부터 제5조까지 생략

제6조(다른 법률의 개정) ①부터 〈293〉까지 생략

〈294〉 동물보호법 일부를 다음과 같이 개정한다.

제4조제2항, 제5조제1항 각 호 외의 부분, 제3항 각 호 외의 부분, 제9조제2항 · 제3항, 제15조제2항, 제22조제1항, 제23조제6항, 제28조제2항, 제29조제1항 · 제2항, 같은 조 제3항 각 호 외의 부분, 같은 조 제4항 · 제6항, 제31조제2항, 제39조제1항 각 호 외의 부분, 제2항 각 호 외의 부분, 같은 조 제3항 각 호 외의 부분 본문, 제40조제1항, 제41조제1항, 제43조 각 호 외의 부분, 제44조, 제45조제1항 각 호 외의 부분, 같은 조 제2항 전단, 같은 조 제4항 및 제47조제3항 중 "농림수산식품부장관"을 각각 "농림축산식품부장관"으로 한다.

제5조제1항 각 호 외의 부분 중 "농림수산식품부"를 "농림축산식품부"로 한다.

제5조제3항제3호, 제7조제4항, 제8조제1항제3호, 같은 조 제2항 제1호 단서, 같은 항 제2호 단서, 제3호 단서, 같은 항 제4호, 제9조제1항 각 호 외의 부분, 제10조제1항, 제12조제1항 단서, 같은 조 제2항, 같은 조 제4항 전단, 같은 조 제5항, 제13조제1항 · 제2항, 제14조제1항 각 호 외의 부분 단서, 같은 조 제2항, 제15조제1항 · 제3항 · 제4항 · 제5항 · 제8항 · 제9항, 제19조제2항 전단, 같은

조 제3항, 제22조제1항, 제24조 각 호 외의 부분 단서, 제25조제2항, 제27조제2항제1호 · 제2호 · 제3호, 같은 조 제6항, 제29조제1항 · 제2항 · 제7항, 제31조제3항, 제32조제1항 각 호 외의 부분, 같은 조 제2항, 제33조제1항 · 제2항, 제34조제1항 · 제2항, 제35조제3항, 제36조 각 호 외의 부분, 제37조제4항, 제38조제1항 각 호 외의 부분 본문, 제39조제1항제3호, 제40조제3항 및 제42조 각 호 외의 부분 본문 중 "농림수산식품부령"을 각각 "농림축산식품부령"으로 한다.

제28조제1항 중 "농림수산식품부 장관"을 "농림축산식품부장관"으로 한다.

〈295〉부터 〈710〉까지 생략

제7조 생략

부칙 〈제11737호, 2013. 4. 5.〉

이 법은 공포한 날부터 시행한다.

부칙 〈제12051호, 2013. 8. 13.〉

이 법은 공포 후 6개월이 경과한 날부터 시행한다. 다만, 제9조의2 및 제47조제1항제3호 · 제4호의 개정규정은 공포 후 1년이 경과한 날부터 시행한다.

부칙 〈제12512호, 2014. 3. 24.〉

제1조(시행일) 이 법은 공포한 날부터 시행한다.

제2조(금치산자 등에 대한 경과조치) 제33조제3항제1호 및 제34조 제3항제1호의 개정규정에 따른 피성년후견인 및 피한정후견인에는 법률 제10429호 민법 일부개정법률 부칙 제2조에 따라 금치산 또는 한정치산 선고의 효력이 유지되는 사람을 포함하는 것으로 본다.

부칙 〈제13023호, 2015. 1. 20.〉

이 법은 공포한 날부터 시행한다.

부칙 〈제14651호, 2017. 3. 21.〉

제1조(시행일) 이 법은 공포 후 1년이 경과한 날부터 시행한다.

제2조(유실신고에 관한 적용례) 제12조제2항제1호의 개정규정은 이 법 시행 이후 등록대상동물을 잃어버리는 경우부터 적용한다.

제3조(동물의 소유권 취득에 관한 적용례) 제20조제4호의 개정규정은 이 법 시행 이후 동물의 소유자를 확인한 경우부터 적용한다.

제4조(동물생산업 신고에 관한 경과조치) 이 법 시행 당시 종전의 규정에 따라 동물생산업의 신고를 한 자는 제34조제1항의 개정규정에 따라 허가를 받은 것으로 본다. 다만, 이 법 시행 후 2년 이내에 이 법에 따른 요건을 갖추어야 한다.

제5조(벌칙 등에 관한 경과조치) 이 법 시행 전의 위반행위에 대하여 벌칙이나 과태료를 적용할 때에는 종전의 규정에 따른다.

부칙 〈제15502호, 2018. 3. 20.〉

제1조(시행일) 이 법은 공포 후 6개월이 경과한 날부터 시행한다.

다만, 제13조의2, 제13조의3, 법률 제14651호 동물보호법 일부개정법률 제46조 및 법률 제14651호 동물보호법 일부개정법률 제47조제1항제2호의2부터 제2호의6까지의 개정규정은 공포 후 1년이 경과한 날부터 시행하고, 제24조의2 및 법률 제14651호 동물보호법 일부개정법률 제47조제2항제5호의2의 개정규정은 공포 후 2년이 경과한 날부터 시행한다.
제2조(동물보호센터 재지정 제한기한에 관한 경과조치) 이 법 시행 당시 종전의 규정에 따라 동물보호센터의 지정이 취소된 자는 법률 제14651호 동물보호법 일부개정법률 제15조제8항의 개정규정에도 불구하고 종전의 규정에 따른다.

부칙 〈제16075호, 2018. 12. 24.〉

제1조(시행일) 이 법은 공포 후 3개월이 경과한 날부터 시행한다.
제2조(동물장묘업의 등록에 관한 경과조치) 이 법 시행 당시 종전의 규정에 따라 동물장묘업 등록을 신청한 자는 제33조제3항제5호의 개정규정에도 불구하고 종전의 규정에 따른다.
제3조(동물학대로 벌금형 이상의 형을 선고받은 자에 관한 적용례) 제33조제3항제4호와 제34조제3항제5호의 개정규정은 이 법 시행 이후 제8조를 위반하여 벌금형 이상의 형을 선고받고, 그 형이 확정된 경우부터 적용한다.

부칙 〈제16544호, 2019. 8. 27.〉

이 법은 공포 후 6개월이 경과한 날부터 시행한다. 다만, 제33조제

3항ㆍ제4항, 제34조제3항ㆍ제4항 및 제35조제4항의 개정규정은 공포한 날부터 시행한다.

부칙 <제16977호, 2020. 2. 11.>

제1조(시행일) 이 법은 공포 후 1년이 지난 후부터 시행한다. 다만, 제1조 및 제24조제2호의 개정규정은 공포한 날부터 시행하고, 제2조제1호의3, 제8조제2항제3호의2, 제12조제4항ㆍ제5항, 제32조제1항, 제33조의2제1항, 제36조제1항제7호 및 제41조의2의 개정규정은 공포 후 6개월이 경과한 날부터 시행한다.

제2조(벌칙이나 과태료에 관한 경과조치) 이 법 시행 전의 위반행위에 대하여 벌칙이나 과태료를 적용할 때에는 종전의 규정에 따른다.

**개정 예정 법률 밑줄 별도 표시.

동물보호법 시행령

[시행 2021. 7. 6.] [대통령령 제31871호, 2021. 7. 6., 타법개정]

제1조(목적) 이 영은 「동물보호법」에서 위임된 사항과 그 시행에 필요한 사항을 규정함을 목적으로 한다.

제2조(동물의 범위) 「동물보호법」(이하 "법"이라 한다) 제2조제1호다목에서 "대통령령으로 정하는 동물"이란 파충류, 양서류 및 어류를 말한다. 다만, 식용(食用)을 목적으로 하는 것은 제외한다.

[전문개정 2014. 2. 11.]

제3조(등록대상동물의 범위) 법 제2조제2호에서 "대통령령으로 정하는 동물"이란 다음 각 호의 어느 하나에 해당하는 월령(月齡) 2개월 이상인 개를 말한다. 〈개정 2016. 8. 11., 2019. 3. 12.〉

1. 「주택법」 제2조제1호 및 제4호에 따른 주택·준주택에서 기르는 개

2. 제1호에 따른 주택·준주택 외의 장소에서 반려(伴侶) 목적으로 기르는 개

제4조(동물실험시행기관의 범위) 법 제2조제5호에서 "대통령령으로 정하는 법인·단체 또는 기관"이란 다음 각 호의 어느 하나에 해당하는 법인·단체 또는 기관으로서 동물을 이용하여 동물실험을 시행하는 법인·단체 또는 기관을 말한다. 〈개정 2014. 12. 9., 2015.

12. 22., 2020. 3. 17., 2020. 4. 28.〉

1. 국가기관

2. 지방자치단체의 기관

3. 「정부출연연구기관 등의 설립·운영 및 육성에 관한 법률」 제8조제1항에 따른 연구기관

4. 「과학기술분야 정부출연연구기관 등의 설립·운영 및 육성에 관한 법률」 제8조제1항에 따른 연구기관

5. 「특정연구기관 육성법」 제2조에 따른 연구기관

6. 「약사법」 제31조제10항에 따른 의약품의 안전성·유효성에 관한 시험성적서 등의 자료를 발급하는 법인·단체 또는 기관

7. 「화장품법」 제4조제3항에 따른 화장품 등의 안전성·유효성에 관한 심사에 필요한 자료를 발급하는 법인·단체 또는 기관

8. 「고등교육법」 제2조에 따른 학교

9. 「의료법」 제3조에 따른 의료기관

10. 「의료기기법」 제6조·제15조 또는 「체외진단의료기기법」 제5조·제11조에 따라 의료기기 또는 체외진단의료기기를 제조하거나 수입하는 법인·단체 또는 기관

11. 「기초연구진흥 및 기술개발지원에 관한 법률」 제14조제1항에 따른 기관 또는 단체

12. 「농업·농촌 및 식품산업 기본법」 제3조제4호에 따른 생산자단체와 같은 법 제28조에 따른 영농조합법인(營農組合法人) 및 농업회사법인(農業會社法人)

12의2. 「수산업·어촌 발전 기본법」 제3조제5호에 따른 생산자단

체와 같은 법 제19조에 따른 영어조합법인(營漁組合法人) 및 어업회사법인(漁業會社法人)

13.「화학물질의 등록 및 평가 등에 관한 법률」제22조에 따라 화학물질의 물리적·화학적 특성 및 유해성에 관한 시험을 수행하기 위하여 지정된 시험기관

14.「농약관리법」제17조의4에 따라 지정된 시험연구기관

15.「사료관리법」제2조제7호 또는 제8호에 따른 제조업자 또는 수입업자 중 법인·단체 또는 기관

16.「식품위생법」제37조에 따라 식품 또는 식품첨가물의 제조업·가공업 허가를 받은 법인·단체 또는 기관

17.「건강기능식품에 관한 법률」제5조에 따른 건강기능식품제조업 허가를 받은 법인·단체 또는 기관

18.「국제백신연구소설립에관한협정」에 따라 설립된 국제백신연구소

제5조(동물보호 민간단체의 범위) 법 제4조제4항에서 "대통령령으로 정하는 민간단체"란 다음 각 호의 어느 하나에 해당하는 법인 또는 단체를 말한다. 〈개정 2018. 3. 20.〉

1.「민법」제32조에 따라 설립된 법인으로서 동물보호를 목적으로 하는 법인

2.「비영리민간단체 지원법」제4조에 따라 등록된 비영리민간단체로서 동물보호를 목적으로 하는 단체

제6조(동물복지위원회의 운영 등) ① 법 제5조제1항에 따른 동물복지위원회(이하 "복지위원회"라 한다)의 위원장은 복지위원회를 대표하며, 복지위원회의 업무를 총괄한다.

② 위원장이 부득이한 사유로 직무를 수행할 수 없을 때에는 위원장이 미리 지명한 위원의 순으로 그 직무를 대행한다.

③ 위원의 임기는 2년으로 한다.

④ 농림축산식품부장관은 위원이 다음 각 호의 어느 하나에 해당하는 경우에는 해당 위원을 해촉(解囑)할 수 있다. 〈신설 2016. 1. 22.〉

1. 심신장애로 인하여 직무를 수행할 수 없게 된 경우

2. 직무와 관련된 비위사실이 있는 경우

3. 직무태만, 품위손상이나 그 밖의 사유로 인하여 위원으로 적합하지 아니하다고 인정되는 경우

4. 위원 스스로 직무를 수행하는 것이 곤란하다고 의사를 밝히는 경우

⑤ 복지위원회의 회의는 농림축산식품부장관 또는 위원 3분의 1 이상의 요구가 있을 때 위원장이 소집한다. 〈개정 2013. 3. 23., 2016. 1. 22.〉

⑥ 복지위원회의 회의는 재적위원 과반수의 출석으로 개의(開議)하고, 출석위원 과반수의 찬성으로 의결한다. 〈개정 2016. 1. 22.〉

⑦ 복지위원회는 심의사항과 관련하여 필요하다고 인정할 때에는 관계인을 출석시켜 의견을 들을 수 있다. 〈개정 2016. 1. 22.〉

⑧ 제1항부터 제7항까지에서 규정한 사항 외에 복지위원회의 운영에 필요한 사항은 복지위원회의 의결을 거쳐 위원장이 정한다. 〈개정 2016. 1. 22.〉

제6조의2(보험의 가입) 법 제13조의2제4항에 따라 맹견의 소유자는

다음 각 호의 요건을 모두 충족하는 보험에 가입해야 한다.

1. 다음 각 목에 해당하는 금액 이상을 보상할 수 있는 보험일 것

가. 사망의 경우에는 피해자 1명당 8천만원

나. 부상의 경우에는 피해자 1명당 농림축산식품부령으로 정하는 상해등급에 따른 금액

다. 부상에 대한 치료를 마친 후 더 이상의 치료효과를 기대할 수 없고 그 증상이 고정된 상태에서 그 부상이 원인이 되어 신체의 장애(이하 "후유장애"라 한다)가 생긴 경우에는 피해자 1명당 농림축산식품부령으로 정하는 후유장애등급에 따른 금액

라. 다른 사람의 동물이 상해를 입거나 죽은 경우에는 사고 1건당 200만원

2. 지급보험금액은 실손해액을 초과하지 않을 것. 다만, 사망으로 인한 실손해액이 2천만원 미만인 경우의 지급보험금액은 2천만원으로 한다.

3. 하나의 사고로 제1호가목부터 다목까지의 규정 중 둘 이상에 해당하게 된 경우에는 실손해액을 초과하지 않는 범위에서 다음 각 목의 구분에 따라 보험금을 지급할 것

가. 부상한 사람이 치료 중에 그 부상이 원인이 되어 사망한 경우에는 제1호가목 및 나목의 금액을 더한 금액

나. 부상한 사람에게 후유장애가 생긴 경우에는 제1호나목 및 다목의 금액을 더한 금액

다. 제1호다목의 금액을 지급한 후 그 부상이 원인이 되어 사

망한 경우에는 제1호가목의 금액에서 같은 호 다목에 따라 지급한 금액 중 사망한 날 이후에 해당하는 손해액을 뺀 금액

[본조신설 2021. 2. 9.]

제7조(공고) ① 특별시장·광역시장·특별자치시장·도지사 및 특별자치도지사(이하 "시·도지사"라 한다)와 시장·군수·구청장(자치구의 구청장을 말한다. 이하 같다)은 법 제17조에 따라 동물 보호조치에 관한 공고를 하려면 농림축산식품부장관이 정하는 시스템(이하 "동물보호관리시스템"이라 한다)에 게시하여야 한다. 다만, 동물보호관리시스템이 정상적으로 운영되지 않을 경우에는 농림축산식품부령으로 정하는 동물보호 공고문을 작성하여 다른 방법으로 게시하되, 동물보호관리시스템이 정상적으로 운영되면 그 내용을 동물보호관리시스템에 게시하여야 한다. 〈개정 2013. 3. 23., 2018. 3. 20.〉

② 시·도지사와 시장·군수·구청장은 제1항에 따른 공고를 하는 경우 농림축산식품부령으로 정하는 바에 따라 동물보호관리시스템을 통하여 개체관리카드와 보호동물 관리대장을 작성·관리하여야 한다. 〈개정 2013. 3. 23., 2018. 3. 20.〉

제8조(보호비용의 징수) 시·도지사와 시장·군수·구청장은 법 제19조제1항 및 제2항에 따라 보호비용을 징수하려면 농림축산식품부령으로 정하는 비용징수 통지서를 동물의 소유자 또는 법 제21조제1항에 따라 분양을 받는 자에게 발급하여야 한다. 〈개정 2013. 3. 23., 2018. 3. 20.〉

제9조(동물의 기증 또는 분양 대상 민간단체 등의 범위) 법 제21조제1항에서 "대통령령으로 정하는 민간단체 등"이란 다음 각 호의 어

느 하나에 해당하는 단체 또는 기관 등을 말한다.

1. 제5조 각 호의 어느 하나에 해당하는 법인 또는 단체

2. 「장애인복지법」 제40조제4항에 따라 지정된 장애인 보조견 전문훈련기관

3. 「사회복지사업법」 제2조제4호에 따른 사회복지시설

제10조(동물실험 금지 동물) 법 제24조제2호에서 "대통령령으로 정하는 동물"이란 다음 각 호의 어느 하나에 해당하는 동물을 말한다. 〈개정 2013. 3. 23., 2014. 11. 19., 2017. 7. 26., 2021. 2. 9., 2021. 7. 6.〉

1. 「장애인복지법」 제40조에 따른 장애인 보조견

2. 소방청(그 소속 기관을 포함한다)에서 효율적인 구조활동을 위해 이용하는 119구조견

3. 다음 각 목의 기관(그 소속 기관을 포함한다)에서 수색·탐지 등을 위해 이용하는 경찰견

가. 국토교통부

나. 경찰청

다. 해양경찰청

4. 국방부(그 소속 기관을 포함한다)에서 수색·경계·추적·탐지 등을 위해 이용하는 군견

5. 농림축산식품부(그 소속 기관을 포함한다) 및 관세청(그 소속 기관을 포함한다) 등에서 각종 물질의 탐지 등을 위해 이용하는 마약 및 폭발물 탐지견과 검역 탐지견

제11조(동물실험윤리위원회의 지도·감독의 방법) 법 제25조제1항

에 따른 동물실험윤리위원회(이하 “윤리위원회”라 한다)는 다음 각 호의 방법을 통하여 해당 동물실험시행기관을 지도 · 감독한다.

1. 동물실험의 윤리적 · 과학적 타당성에 대한 심의

2. 동물실험에 사용하는 동물(이하 “실험동물”이라 한다)의 생산 · 도입 · 관리 · 실험 및 이용과 실험이 끝난 뒤 해당 동물의 처리에 관한 확인 및 평가

3. 동물실험시행기관의 운영자 또는 종사자에 대한 교육 · 훈련 등에 대한 확인 및 평가

4. 동물실험 및 동물실험시행기관의 동물복지 수준 및 관리실태에 대한 확인 및 평가

제12조(윤리위원회의 운영) ① 윤리위원회의 회의는 다음 각 호의 어느 하나에 해당하는 경우에 위원장이 소집하고, 위원장이 그 의장이 된다.

1. 재적위원 3분의 1 이상이 소집을 요구하는 경우

2. 해당 동물실험시행기관의 장이 소집을 요구하는 경우

3. 그 밖에 위원장이 필요하다고 인정하는 경우

② 윤리위원회의 회의는 재적위원 과반수의 출석으로 개의하고, 출석위원 과반수의 찬성으로 의결한다. 〈개정 2020. 3. 17., 2021. 2. 9.〉

③ 동물실험계획을 심의 · 평가하는 회의에는 다음 각 호의 위원이 각각 1명 이상 참석해야 한다. 〈신설 2021. 2. 9.〉

1. 법 제27조제2항제1호에 따른 위원

2. 법 제27조제4항에 따른 동물실험시행기관과 이해관계가 없는

위원

④ 회의록 등 윤리위원회의 구성·운영 등과 관련된 기록 및 문서는 3년 이상 보존하여야 한다. 〈개정 2021. 2. 9.〉

⑤ 윤리위원회는 심의사항과 관련하여 필요하다고 인정할 때에는 관계인을 출석시켜 의견을 들을 수 있다. 〈개정 2021. 2. 9.〉

⑥ 동물실험시행기관의 장은 해당 기관에 설치된 윤리위원회의 효율적인 운영을 위하여 다음 각 호의 사항에 대하여 적극 협조하여야 한다. 〈개정 2021. 2. 9.〉

1. 윤리위원회의 독립성 보장

2. 윤리위원회의 결정 및 권고사항에 대한 즉각적이고 효과적인 조치 및 시행

3. 윤리위원회의 설치 및 운영에 필요한 인력, 장비, 장소, 비용 등에 관한 적절한 지원

⑦ 동물실험시행기관의 장은 매년 윤리위원회의 운영 및 동물실험의 실태에 관한 사항을 다음 해 1월 31일까지 농림축산식품부령으로 정하는 바에 따라 농림축산식품부장관에게 통지하여야 한다. 〈개정 2013. 3. 23., 2021. 2. 9.〉

⑧ 제1항부터 제7항까지에서 규정한 사항 외에 윤리위원회의 효율적인 운영을 위하여 필요한 사항은 농림축산식품부장관이 정하여 고시한다. 〈개정 2013. 3. 23., 2021. 2. 9.〉

제13조(윤리위원회의 구성·운영 등에 대한 개선명령) ① 농림축산식품부장관은 법 제28조제2항에 따라 개선명령을 하는 경우 그 개선에 필요한 조치 등을 고려하여 3개월의 범위에서 기간을 정하여

개선명령을 하여야 한다. 〈개정 2013. 3. 23.〉

② 농림축산식품부장관은 천재지변이나 그 밖의 부득이한 사유로 제1항에 따른 개선기간에 개선을 할 수 없는 동물실험시행기관의 장이 개선기간 연장 신청을 하면 해당 사유가 끝난 날부터 3개월의 범위에서 그 기간을 연장할 수 있다. 〈개정 2013. 3. 23.〉

③ 제1항에 따라 개선명령을 받은 동물실험시행기관의 장이 그 명령을 이행하였을 때에는 지체 없이 그 결과를 농림축산식품부장관에게 통지하여야 한다. 〈개정 2013. 3. 23.〉

④ 제1항에 따른 개선명령에 대하여 이의가 있는 동물실험시행기관의 장은 30일 이내에 농림축산식품부장관에게 이의신청을 할 수 있다. 〈개정 2013. 3. 23.〉

제14조(동물보호감시원의 자격 등) ① 법 제40조제1항에서 "대통령령으로 정하는 소속 기관의 장"이란 농림축산검역본부장(이하 "검역본부장"이라 한다)을 말한다. 〈개정 2013. 3. 23., 2018. 3. 20.〉

② 농림축산식품부장관, 검역본부장, 시·도지사 및 시장·군수·구청장이 법 제40조제1항에 따라 동물보호감시원을 지정할 때에는 다음 각 호의 어느 하나에 해당하는 소속 공무원 중에서 동물보호감시원을 지정하여야 한다. 〈개정 2013. 3. 23., 2018. 3. 20.〉

1. 「수의사법」 제2조제1호에 따른 수의사 면허가 있는 사람

2. 「국가기술자격법」 제9조에 따른 축산기술사, 축산기사, 축산산업기사 또는 축산기능사 자격이 있는 사람

3. 「고등교육법」 제2조에 따른 학교에서 수의학·축산학·동물관리학·애완동물학·반려동물학 등 동물의 관리 및 이용 관련 분야,

동물보호 분야 또는 동물복지 분야를 전공하고 졸업한 사람

4. 그 밖에 동물보호·동물복지·실험동물 분야와 관련된 사무에 종사한 경험이 있는 사람

③ 동물보호감시원의 직무는 다음 각 호와 같다. 〈개정 2018. 3. 20., 2021. 2. 9.〉

1. 법 제7조에 따른 동물의 적정한 사육·관리에 대한 교육 및 지도

2. 법 제8조에 따라 금지되는 동물학대행위의 예방, 중단 또는 재발방지를 위하여 필요한 조치

3. 법 제9조 및 제9조의2에 따른 동물의 적정한 운송과 반려동물 전달 방법에 대한 지도·감독

3의2. 법 제10조에 따른 동물의 도살방법에 대한 지도

3의3. 법 제12조에 따른 등록대상동물의 등록 및 법 제13조에 따른 등록대상동물의 관리에 대한 감독

3의4. 법 제13조의2 및 제13조의3에 따른 맹견의 관리 및 출입금지 등에 대한 감독

4. 법 제15조에 따라 설치·지정되는 동물보호센터의 운영에 관한 감독

4의2. 법 제28조에 따른 윤리위원회의 구성·운영 등에 관한 지도·감독 및 개선명령의 이행 여부에 대한 확인 및 지도

5. 법 제29조에 따라 동물복지축산농장으로 인증받은 농장의 인증기준 준수 여부 감독

6. 법 제33조제1항에 따라 영업등록을 하거나 법 제34조제1항에

따라 영업허가를 받은 자(이하 "영업자"라 한다)의 시설 · 인력 등 등록 또는 허가사항, 준수사항, 교육 이수 여부에 관한 감독

6의2. 법 제33조의2제1항에 따른 반려동물을 위한 장묘시설의 설치 · 운영에 관한 감독

7. 법 제39조에 따른 조치, 보고 및 자료제출 명령의 이행 여부 등에 관한 확인 · 지도

8. 법 제41조제1항에 따라 위촉된 동물보호명예감시원에 대한 지도

9. 그 밖에 동물의 보호 및 복지 증진에 관한 업무

제15조(동물보호명예감시원의 자격 및 위촉 등) ① 농림축산식품부장관, 시 · 도지사 및 시장 · 군수 · 구청장이 법 제41조제1항에 따라 동물보호명예감시원(이하 "명예감시원"이라 한다)을 위촉할 때에는 다음 각 호의 어느 하나에 해당하는 사람으로서 농림축산식품부장관이 정하는 관련 교육과정을 마친 사람을 명예감시원으로 위촉하여야 한다. 〈개정 2013. 3. 23.〉

1. 제5조에 따른 법인 또는 단체의 장이 추천한 사람

2. 제14조제2항 각 호의 어느 하나에 해당하는 사람

3. 동물보호에 관한 학식과 경험이 풍부하고, 명예감시원의 직무를 성실히 수행할 수 있는 사람

② 농림축산식품부장관, 시 · 도지사 또는 시장 · 군수 · 구청장은 제1항에 따라 위촉한 명예감시원이 다음 각 호의 어느 하나에 해당하는 경우에는 위촉을 해제할 수 있다. 〈개정 2013. 3. 23.〉

1. 사망 · 질병 또는 부상 등의 사유로 직무 수행이 곤란하게 된 경우

2. 제3항에 따른 직무를 성실히 수행하지 아니하거나 직무와 관련하여 부정한 행위를 한 경우

③ 명예감시원의 직무는 다음 각 호와 같다.

1. 동물보호 및 동물복지에 관한 교육·상담·홍보 및 지도

2. 동물학대행위에 대한 신고 및 정보 제공

3. 제14조제3항에 따른 동물보호감시원의 직무 수행을 위한 지원

4. 학대받는 동물의 구조·보호 지원

④ 명예감시원의 활동 범위는 다음 각 호의 구분에 따른다. 〈개정 2013. 3. 23.〉

1. 농림축산식품부장관이 위촉한 경우: 전국

2. 시·도지사 또는 시장·군수·구청장이 위촉한 경우: 위촉한 기관장의 관할구역

⑤ 농림축산식품부장관, 시·도지사 또는 시장·군수·구청장은 명예감시원에게 예산의 범위에서 수당을 지급할 수 있다. 〈개정 2013. 3. 23.〉

⑥ 제1항부터 제5항까지에서 규정한 사항 외에 명예감시원의 운영을 위하여 필요한 사항은 농림축산식품부장관이 정하여 고시한다. 〈개정 2013. 3. 23.〉

제15조의2삭제 〈2021. 2. 9.〉

제16조(권한의 위임) 농림축산식품부장관은 법 제44조에 따라 다음 각 호의 권한을 검역본부장에게 위임한다. 〈개정 2013. 3. 23., 2016. 1. 22., 2018. 3. 20., 2020. 3. 17., 2021. 2. 9.〉

1. 법 제9조제3항에 따른 동물 운송에 관하여 필요한 사항의 권장

2. 법 제10조제2항에 따른 동물의 도살방법에 관한 세부사항의 규정

3. 법 제23조제7항에 따른 동물실험의 원칙에 관한 고시

4. 법 제28조에 따른 윤리위원회의 구성 · 운영 등에 관한 지도 · 감독 및 개선명령

5. 법 제29조제1항에 따른 동물복지축산농장의 인증

6. 법 제29조제2항에 따른 동물복지축산농장 인증 신청의 접수

7. 법 제29조제4항에 따른 동물복지축산농장의 인증 취소

8. 법 제31조제2항에 따라 동물복지축산농장의 인증을 받은 자의 지위 승계 신고 수리(受理)

9. 법 제39조에 따른 출입 · 검사 등

10. 법 제41조에 따른 명예감시원의 위촉, 해촉, 수당 지급

11. 법 제43조제2호에 따른 동물복지축산농장의 인증 취소처분에 관한 청문

12. 법 제45조제2항에 따른 실태조사(현장조사를 포함한다. 이하 "실태조사"라 한다) 및 정보의 공개

13. 법 제47조제1항제2호 · 제3호부터 제5호까지 및 같은 조 제2항제2호 · 제3호 · 제5호의2 · 제8호 · 제10호부터 제15호까지의 규정에 따른 과태료의 부과 · 징수

제17조(실태조사의 범위 등) ① 농림축산식품부장관은 법 제45조제2항에 따른 실태조사(이하 "실태조사"라 한다)를 할 때에는 실태조사 계획을 수립하고 그에 따라 실시하여야 한다. 〈개정 2013. 3. 23.〉

② 농림축산식품부장관은 실태조사를 효율적으로 하기 위하여 동물보호관리시스템, 전자우편 등을 통한 전자적 방법, 서면조사, 현장조사 방법 등을 사용할 수 있으며, 전문연구기관·단체 또는 관계 전문가에게 의뢰하여 실태조사를 할 수 있다. 〈개정 2013. 3. 23.〉

③ 제1항과 제2항에서 규정한 사항 외에 실태조사에 필요한 사항은 농림축산식품부장관이 정하여 고시한다. 〈개정 2013. 3. 23.〉

제18조(소속 기관의 장) 법 제45조제4항에서 "대통령령으로 정하는 그 소속 기관의 장"이란 검역본부장을 말한다. 〈개정 2013. 3. 23.〉

제19조(고유식별정보의 처리) 농림축산식품부장관(검역본부장을 포함한다), 시·도지사 또는 시장·군수·구청장(해당 권한이 위임·위탁된 경우에는 그 권한을 위임·위탁받은 자를 포함한다)은 다음 각 호의 사무를 수행하기 위하여 불가피한 경우에는 「개인정보 보호법 시행령」 제19조제1호, 제2호 또는 제4호에 따른 주민등록번호, 여권번호 또는 외국인등록번호가 포함된 자료를 처리할 수 있다. 〈개정 2013. 3. 23., 2014. 8. 6., 2018. 3. 20.〉

1. 법 제12조에 따른 등록대상동물의 등록 및 변경신고에 관한 사무

2. 법 제15조에 따른 동물보호센터의 지정 및 지정 취소에 관한 사무

3. 삭제 〈2016. 1. 22.〉

4. 삭제 〈2016. 1. 22.〉

5. 법 제33조에 따른 영업의 등록, 변경신고 및 폐업 등의 신고에 관한 사무

6. 법 제34조에 따른 영업의 허가, 변경신고 및 폐업 등의 신고에 관한 사무

7. 법 제35조에 따른 영업의 승계신고에 관한 사무

8. 법 제38조에 따른 등록 또는 허가의 취소 및 영업의 정지에 관한 사무

제19조의2삭제 〈2016. 12. 30.〉

제20조(과태료의 부과 · 징수) ① 법 제47조제1항부터 제3항까지의 규정에 따른 과태료의 부과기준은 별표와 같다.

② 법 제47조제4항에 따른 과태료의 부과권자는 다음 각 호의 구분에 따른다. 〈개정 2020. 3. 17., 2021. 2. 9.〉

1. 법 제47조제1항제2호 · 제3호부터 제5호까지 및 같은 조 제2항제2호 · 제3호 · 제5호의2 · 제8호 · 제10호부터 제15호까지의 규정에 따른 과태료: 농림축산식품부장관

2. 법 제47조제2항제11호부터 제15호까지의 규정에 따른 과태료: 시 · 도지사(특별자치시장은 제외한다)

3. 법 제47조제1항제2호 · 제2호의2부터 제2호의7까지, 같은 조 제2항제2호 · 제3호 · 제5호 · 제9호부터 제15호까지 및 같은 조 제3항 각 호에 따른 과태료: 특별자치시장 · 시장(「제주특별자치도 설치 및 국제자유도시 조성을 위한 특별법」 제11조제2항에 따른 행정시장을 포함한다) · 군수 · 구청장

[전문개정 2018. 3. 20.]

부칙 〈제23613호, 2012. 2. 3.〉

제1조(시행일) 이 영은 2012년 2월 5일부터 시행한다. 다만, 제7조제1항의 개정규정 중 특별자치시장에 관한 부분은 2012년 7월 1일부터 시행하고, 제16조제12호의 개정규정 중 법 제45조제1항제2호에 관련된 정보공개에 관한 부분 및 별표 제2호나목부터 라목까지의 개정규정은 2013년 1월 1일부터 시행한다.

제2조(과태료에 관한 경과조치) ① 대통령령 제22730호 동물보호법 시행령 일부개정령(이하 이 조에서 "같은 영"이라 한다) 시행 전의 위반행위에 대해 과태료 부과기준을 적용할 때에는 같은 영 시행 전의 규정에 따른다.

② 같은 영 시행 전의 위반행위로 받은 과태료 부과처분은 별표의 개정규정에 따른 위반행위의 횟수 산정에 포함되지 아니한다.

제3조(다른 법령과의 관계) 이 영 시행 당시 다른 법령에서 종전의 규정을 인용한 경우 이 영 가운데 그에 해당하는 규정이 있으면 종전의 규정을 갈음하여 이 영의 해당 규정을 인용한 것으로 본다.

부칙 〈제24455호, 2013. 3. 23.〉 (농림축산식품부와 그 소속기관 직제)

제1조(시행일) 이 영은 공포한 날부터 시행한다. 〈단서 생략〉

제2조 부터 제5조까지 생략

제6조(다른 법령의 개정) ①부터 ㉛까지 생략

㉜ 동물보호법 시행령 일부를 다음과 같이 개정한다.

제2조제3호, 제6조제4항, 제12조제6항 · 제7항, 제13조제1항부터 제4항까지, 제14조제2항 각 호 외의 부분, 제15조제1항 각 호 외의

부분, 같은 조 제2항 각 호 외의 부분, 같은 조 제4항제1호, 같은 조 제5항·제6항, 제16조 각 호 외의 부분, 제17조제1항부터 제3항까지, 제19조 각 호 외의 부분 중 "농림수산식품부장관"을 각각 "농림축산식품부장관"으로 한다.

제7조제1항 본문 중 "「농림수산식품부와 그 소속기관 직제」 제2조제1항에 따른 농림수산검역검사본부의 장(이하 "검역검사본부장"이라 한다)"을 "농림축산검역본부장(이하 "검역본부장"이라 한다)"으로 한다.

제7조제1항 단서, 같은 조 제2항, 제8조 및 제12조제6항 중 "농림수산식품부령"을 각각 "농림축산식품부령"으로 한다.

제10조제5호 중 "농림수산식품부"를 "농림축산식품부"로 한다.

제14조제1항, 같은 조 제2항 각 호 외의 부분, 제16조 각 호 외의 부분, 제18조 및 제19조 각 호 외의 부분 중 "검역검사본부장"을 각각 "검역본부장"으로 한다.

㉝부터 〈76〉까지 생략

부칙 〈제25160호, 2014. 2. 11.〉

이 영은 2014년 2월 14일부터 시행한다. 다만, 별표 제2호다목 및 라목의 개정규정은 2014년 8월 14일부터 시행한다.

부칙 〈제25532호, 2014. 8. 6.〉 (민감정보 및 고유식별정보 처리 근거 마련을 위한 공공기관의 운영에 관한 법률 시행령 등 일부개정령)

이 영은 2014년 8월 7일부터 시행한다.

부칙 〈제25751호, 2014. 11. 19.〉 (행정자치부와 그 소속기관 직제)

제1조(시행일) 이 영은 공포한 날부터 시행한다. 다만, 부칙 제5조에 따라 개정되는 대통령령 중 이 영 시행 전에 공포되었으나 시행일이 도래하지 아니한 대통령령을 개정한 부분은 각각 해당 대통령령의 시행일부터 시행한다.

제2조 부터 제4조까지 생략

제5조(다른 법령의 개정) ①부터 〈276〉까지 생략

〈277〉 동물보호법 시행령 일부를 다음과 같이 개정한다.

제10조제2호 중 "소방방재청"을 "국민안전처"로 한다.

〈278〉부터 〈418〉까지 생략

부칙 〈제25835호, 2014. 12. 9.〉 (화학물질의 등록 및 평가 등에 관한 법률 시행령)

제1조(시행일) 이 영은 2015년 1월 1일부터 시행한다.

제2조 부터 제4조까지 생략

제5조(다른 법령의 개정) 동물보호법 시행령 일부를 다음과 같이 개정한다.

제4조제13호를 다음과 같이 한다.

13. 「화학물질의 등록 및 평가 등에 관한 법률」 제22조에 따라 화학물질의 물리적·화학적 특성 및 유해성에 관한 시험을 수행하기

위하여 지정된 시험기관

부칙 〈제25919호, 2014. 12. 30.〉 (규제 재검토기한 설정을 위한가축전염병 예방법 시행령 등 일부개정령)

이 영은 2015년 1월 1일부터 시행한다.

부칙 〈제26754호, 2015. 12. 22.〉 (수산업·어촌 발전 기본법 시행령)

제1조(시행일) 이 영은 2015년 12월 23일부터 시행한다.

제2조(다른 법령의 개정) ①부터 ㉒까지 생략

㉓ 동물보호법 시행령 일부를 다음과 같이 개정한다.

제4조제12호를 다음과 같이 하고, 같은 조에 제12호의2를 다음과 같이 신설한다.

12. 「농업·농촌 및 식품산업 기본법」 제3조제4호에 따른 생산자단체와 같은 법 제28조에 따른 영농조합법인(營農組合法人) 및 농업회사법인(農業會社法人)

12의2. 「수산업·어촌 발전 기본법」 제3조제5호에 따른 생산자단체와 같은 법 제19조에 따른 영어조합법인(營漁組合法人) 및 어업회사법인(漁業會社法人)

㉔부터 ㊷까지 생략

제3조 생략

부칙 〈제26925호, 2016. 1. 22.〉

이 영은 공포한 날부터 시행한다.

부칙 〈제27444호, 2016. 8. 11.〉 (주택법 시행령)

제1조(시행일) 이 영은 2016년 8월 12일부터 시행한다.

제2조 부터 제6조까지 생략

제7조(다른 법령의 개정) ①부터 ㉕까지 생략

㉖ 동물보호법 시행령 일부를 다음과 같이 개정한다.

제3조제1호 중 "「주택법」 제2조제1호 및 제1호의2"를 "「주택법」 제2조제1호 및 제4호"로 한다.

㉗부터 〈75〉까지 생략

제8조 생략

부칙 〈제27751호, 2016. 12. 30.〉 (규제 재검토기한 설정 등을 위한 가맹사업거래의 공정화에 관한 법률 시행령 등 일부개정령)

제1조(시행일) 이 영은 2017년 1월 1일부터 시행한다. 〈단서 생략〉

제2조 부터 제12조까지 생략

부칙 〈제28211호, 2017. 7. 26.〉 (행정안전부와 그 소속기관 직제)

제1조(시행일) 이 영은 공포한 날부터 시행한다. 다만, 부칙 제8조에 따라 개정되는 대통령령 중 이 영 시행 전에 공포되었으나 시행일이 도래하지 아니한 대통령령을 개정한 부분은 각각 해당 대통령

령의 시행일부터 시행한다.

제2조 부터 제7조까지 생략

제8조(다른 법령의 개정) ①부터 〈214〉까지 생략

〈215〉 동물보호법 시행령 일부를 다음과 같이 개정한다.

제10조제2호 중 "국민안전처(그 소속 기관을 포함한다)"를 "소방청(그 소속 기관을 포함한다)"으로 한다.

〈216〉부터 〈388〉까지 생략

부칙 〈제28709호, 2018. 3. 20.〉

제1조(시행일) 이 영은 2018년 3월 22일부터 시행한다.

제2조(과태료에 관한 경과조치) 이 영 시행 전의 위반행위로 받은 과태료 부과처분은 별표 제1호가목 전단의 개정규정에도 불구하고 이 영 시행 이후 위반행위가 적발된 날부터 1년 이내에 받은 부과처분의 경우에만 위반행위의 횟수 산정에 포함한다.

부칙 〈제29614호, 2019. 3. 12.〉

이 영은 2019년 3월 21일부터 시행한다. 다만, 제3조의 개정규정은 2020년 3월 21일부터 시행한다.

부칙 〈제30532호, 2020. 3. 17.〉

이 영은 2020년 3월 21일부터 시행한다. 다만, 제12조제2항의 개정규정은 2020년 10월 1일부터 시행한다.

부칙 〈제30652호, 2020. 4. 28.〉 (체외진단의료기기법 시행령)

제1조(시행일) 이 영은 2020년 5월 1일부터 시행한다.

제2조(다른 법령의 개정) ① 동물보호법 시행령 일부를 다음과 같이 개정한다.

제4조제10호를 다음과 같이 한다.

10. 「의료기기법」 제6조·제15조 또는 「체외진단의료기기법」 제5조·제11조에 따라 의료기기 또는 체외진단의료기기를 제조하거나 수입하는 법인·단체 또는 기관

② 및 ③ 생략

제3조 생략

부칙 〈제31436호, 2021. 2. 9.〉

이 영은 공포한 날부터 시행한다. 다만, 제6조의2, 제20조제2항제3호 및 별표의 개정규정은 2021년 2월 12일부터 시행한다.

부칙 〈제31871호, 2021. 7. 6.〉 (119구조·구급에 관한 법률 시행령)

제1조(시행일) 이 영은 2021년 7월 6일부터 시행한다.

제2조(다른 법령의 개정) 동물보호법 시행령 일부를 다음과 같이 개정한다.

제10조제2호 중 "인명구조견"을 "119구조견"으로 한다.

별표 / 서식

[별표] 과태료의 부과기준(제20조 관련)

**개정 예정 법률 밑줄 별도 표시.

동물보호법 시행규칙

[시행 2022. 6. 18.] [농림축산식품부령 제482호, 2021. 6. 17., 일부개정]

제1조(목적) 이 규칙은 「동물보호법」 및 같은 법 시행령에서 위임된 사항과 그 시행에 필요한 사항을 규정함을 목적으로 한다.

제1조의2(반려동물의 범위) 「동물보호법」(이하 "법"이라 한다) 제2조제1호의3에서 "개, 고양이 등 농림축산식품부령으로 정하는 동물"이란 개, 고양이, 토끼, 페럿, 기니피그 및 햄스터를 말한다.

[본조신설 2020. 8. 21.]

[종전 제1조의2는 제1조의3으로 이동 〈2020. 8. 21.〉]

제1조의3(맹견의 범위) 법 제2조제3호의2에 따른 맹견(猛犬)은 다음 각 호와 같다. 〈개정 2020. 8. 21.〉

1. 도사견과 그 잡종의 개
2. 아메리칸 핏불테리어와 그 잡종의 개
3. 아메리칸 스태퍼드셔 테리어와 그 잡종의 개
4. 스태퍼드셔 불 테리어와 그 잡종의 개
5. 로트와일러와 그 잡종의 개

[본조신설 2018. 9. 21.]

[제1조의2에서 이동 〈2020. 8. 21.〉]

제2조(동물복지위원회 위원 자격) 법 제5조제3항제3호에서 "농림축

산식품부령으로 정하는 자격기준에 맞는 사람"이란 다음 각 호의 어느 하나에 해당하는 사람을 말한다. 〈개정 2013. 3. 23., 2018. 3. 22., 2018. 9. 21.〉

1. 법 제25조제1항에 따른 동물실험윤리위원회(이하 "윤리위원회"라 한다)의 위원

2. 법 제33조제1항에 따라 영업등록을 하거나 법 제34조제1항에 따라 영업허가를 받은 자(이하 "영업자"라 한다)로서 동물보호·동물복지에 관한 학식과 경험이 풍부한 사람

3. 법 제41조에 따른 동물보호명예감시원으로서 그 사람을 위촉한 농림축산식품부장관(그 소속 기관의 장을 포함한다) 또는 지방자치단체의 장의 추천을 받은 사람

4. 「축산자조금의 조성 및 운용에 관한 법률」 제2조제3호에 따른 축산단체 대표로서 동물보호·동물복지에 관한 학식과 경험이 풍부한 사람

5. 변호사 또는 「고등교육법」 제2조에 따른 학교에서 법학을 담당하는 조교수 이상의 직(職)에 있거나 있었던 사람

6. 「고등교육법」 제2조에 따른 학교에서 동물보호·동물복지를 담당하는 조교수 이상의 직(職)에 있거나 있었던 사람

7. 그 밖에 동물보호·동물복지에 관한 학식과 경험이 풍부하다고 농림축산식품부장관이 인정하는 사람

제3조(적절한 사육·관리 방법 등) 법 제7조제4항에 따른 동물의 적절한 사육·관리 방법 등에 관한 사항은 별표 1과 같다.

제4조(학대행위의 금지) ① 법 제8조제1항제4호에서 "농림축산식품

부령으로 정하는 정당한 사유 없이 죽음에 이르게 하는 행위"란 다음 각 호의 어느 하나를 말한다. 〈개정 2013. 3. 23., 2016. 1. 21., 2018. 3. 22.〉

1. 사람의 생명·신체에 대한 직접적 위협이나 재산상의 피해를 방지하기 위하여 다른 방법이 있음에도 불구하고 동물을 죽음에 이르게 하는 행위

2. 동물의 습성 및 생태환경 등 부득이한 사유가 없음에도 불구하고 해당 동물을 다른 동물의 먹이로 사용하는 경우

② 법 제8조제2항제1호 단서 및 제2호 단서에서 "농림축산식품부령으로 정하는 경우"란 다음 각 호의 어느 하나에 해당하는 경우를 말한다. 〈개정 2013. 3. 23.〉

1. 질병의 예방이나 치료

2. 법 제23조에 따라 실시하는 동물실험

3. 긴급한 사태가 발생한 경우 해당 동물을 보호하기 위하여 하는 행위

③ 법 제8조제2항제3호 단서에서 "민속경기 등 농림축산식품부령으로 정하는 경우"란 「전통 소싸움 경기에 관한 법률」에 따른 소싸움으로서 농림축산식품부장관이 정하여 고시하는 것을 말한다. 〈개정 2013. 3. 23.〉

④ 삭제 〈2020. 8. 21.〉

⑤ 법 제8조제2항제3호의2에서 "최소한의 사육공간 제공 등 농림축산식품부령으로 정하는 사육·관리 의무"란 별표 1의2에 따른 사육·관리 의무를 말한다. 〈개정 2020. 8. 21.〉

⑥ 법 제8조제2항제4호에서 “농림축산식품부령으로 정하는 정당한 사유 없이 신체적 고통을 주거나 상해를 입히는 행위”란 다음 각 호의 어느 하나를 말한다. 〈개정 2013. 3. 23., 2018. 3. 22., 2018. 9. 21.〉

1. 사람의 생명·신체에 대한 직접적 위협이나 재산상의 피해를 방지하기 위하여 다른 방법이 있음에도 불구하고 동물에게 신체적 고통을 주거나 상해를 입히는 행위

2. 동물의 습성 또는 사육환경 등의 부득이한 사유가 없음에도 불구하고 동물을 혹서·혹한 등의 환경에 방치하여 신체적 고통을 주거나 상해를 입히는 행위

3. 갈증이나 굶주림의 해소 또는 질병의 예방이나 치료 등의 목적 없이 동물에게 음식이나 물을 강제로 먹여 신체적 고통을 주거나 상해를 입히는 행위

4. 동물의 사육·훈련 등을 위하여 필요한 방식이 아님에도 불구하고 다른 동물과 싸우게 하거나 도구를 사용하는 등 잔인한 방식으로 신체적 고통을 주거나 상해를 입히는 행위

⑦ 법 제8조제5항제1호 단서에서 “동물보호 의식을 고양시키기 위한 목적이 표시된 홍보 활동 등 농림축산식품부령으로 정하는 경우”란 다음 각 호의 어느 하나에 해당하는 경우를 말한다. 〈신설 2014. 2. 14., 2018. 3. 22., 2018. 9. 21.〉

1. 국가기관, 지방자치단체 또는 「동물보호법 시행령」(이하 “영”이라 한다) 제5조에 따른 민간단체가 동물보호 의식을 고양시키기 위한 목적으로 법 제8조제1항부터 제3항까지에 해당하는 행위를 촬영

한 사진 또는 영상물(이하 이 항에서 "사진 또는 영상물"이라 한다)에 기관 또는 단체의 명칭과 해당 목적을 표시하여 판매·전시·전달·상영하거나 인터넷에 게재하는 경우

2. 언론기관이 보도 목적으로 사진 또는 영상물을 부분 편집하여 전시·전달·상영하거나 인터넷에 게재하는 경우

3. 신고 또는 제보의 목적으로 제1호 및 제2호에 해당하는 기관 또는 단체에 사진 또는 영상물을 전달하는 경우

⑧ 법 제8조제5항제4호 단서에서 "「장애인복지법」 제40조에 따른 장애인 보조견의 대여 등 농림축산식품부령으로 정하는 경우"란 다음 각 호의 어느 하나에 해당하는 경우를 말한다. 〈신설 2018. 3. 22., 2018. 9. 21., 2020. 8. 21.〉

1. 「장애인복지법」 제40조에 따른 장애인 보조견을 대여하는 경우

2. 촬영, 체험 또는 교육을 위하여 동물을 대여하는 경우. 이 경우 해당 동물을 관리할 수 있는 인력이 대여하는 기간 동안 제3조에 따른 적절한 사육·관리를 하여야 한다.

제5조(동물운송자) 법 제9조제1항 각 호 외의 부분에서 "농림축산식품부령으로 정하는 자"란 영리를 목적으로 「자동차관리법」 제2조제1호에 따른 자동차를 이용하여 동물을 운송하는 자를 말한다. 〈개정 2013. 3. 23., 2014. 4. 8., 2018. 3. 22.〉

제6조(동물의 도살방법) ① 법 제10조제2항에서 "농림축산식품부령으로 정하는 방법"이란 다음 각 호의 어느 하나의 방법을 말한다. 〈개정 2013. 3. 23., 2016. 1. 21.〉

1. 가스법, 약물 투여

2. 전살법(電殺法), 타격법(打擊法), 총격법(銃擊法), 자격법(刺擊法)

② 농림축산식품부장관은 제1항 각 호의 도살방법 중 「축산물 위생관리법」에 따라 도축하는 경우에 대하여 고통을 최소화하는 방법을 정하여 고시할 수 있다. 〈개정 2013. 3. 23., 2018. 3. 22.〉

제7조(동물등록제 제외 지역의 기준) 법 제12조제1항 단서에 따라 시·도의 조례로 동물을 등록하지 않을 수 있는 지역으로 정할 수 있는 지역의 범위는 다음 각 호와 같다. 〈개정 2013. 12. 31.〉

1. 도서[도서, 제주특별자치도 본도(本島) 및 방파제 또는 교량 등으로 육지와 연결된 도서는 제외한다]

2. 제10조제1항에 따라 동물등록 업무를 대행하게 할 수 있는 자가 없는 읍·면

제8조(등록대상동물의 등록사항 및 방법 등) ① 법 제12조제1항 본문에 따라 등록대상동물을 등록하려는 자는 해당 동물의 소유권을 취득한 날 또는 소유한 동물이 등록대상동물이 된 날부터 30일 이내에 별지 제1호서식의 동물등록 신청서(변경신고서)를 시장·군수·구청장(자치구의 구청장을 말한다. 이하 같다)·특별자치시장(이하 "시장·군수·구청장"이라 한다)에게 제출하여야 한다. 이 경우 시장·군수·구청장은 「전자정부법」 제36조제1항에 따른 행정정보의 공동이용을 통하여 주민등록표 초본, 외국인등록사실증명 또는 법인 등기사항증명서를 확인하여야 하며, 신청인이 확인에 동의하지 아니하는 경우에는 해당 서류(법인 등기사항증명서는 제외한다)를 첨부하게 하여야 한다. 〈개정 2013. 12. 31., 2017. 1. 25., 2017. 7.

3., 2019. 3. 21.〉

② 제1항에 따라 동물등록 신청을 받은 시장·군수·구청장은 별표 2의 동물등록번호의 부여방법 등에 따라 등록대상동물에 무선전자개체식별장치(이하 "무선식별장치"라 한다)를 장착 후 별지 제2호서식의 동물등록증(전자적 방식을 포함한다)을 발급하고, 영 제7조제1항에 따른 동물보호관리시스템(이하 "동물보호관리시스템"이라 한다)으로 등록사항을 기록·유지·관리하여야 한다. 〈개정 2014. 2. 14., 2020. 8. 21.〉

③ 동물등록증을 잃어버리거나 헐어 못 쓰게 되는 등의 이유로 동물등록증의 재발급을 신청하려는 자는 별지 제3호서식의 동물등록증 재발급 신청서를 시장·군수·구청장에게 제출하여야 한다. 이 경우 시장·군수·구청장은 「전자정부법」 제36조제1항에 따른 행정정보의 공동이용을 통하여 주민등록표 초본, 외국인등록사실증명 또는 법인 등기사항증명서를 확인하여야 하며, 신청인이 확인에 동의하지 아니하는 경우에는 해당 서류(법인 등기사항증명서는 제외한다)를 첨부하게 하여야 한다. 〈개정 2017. 7. 3., 2019. 3. 21.〉

④ 등록대상동물의 소유자는 등록하려는 동물이 영 제3조 각 호 외의 부분에 따른 등록대상 월령(月齡) 이하인 경우에도 등록할 수 있다. 〈신설 2019. 3. 21.〉

제9조(등록사항의 변경신고 등) ① 법 제12조제2항제2호에서 "농림축산식품부령으로 정하는 사항이 변경된 경우"란 다음 각 호의 어느 하나에 해당하는 경우를 말한다. 〈개정 2013. 3. 23., 2018. 3. 22., 2019. 3. 21., 2020. 8. 21.〉

1. 소유자가 변경되거나 소유자의 성명(법인인 경우에는 법인 명칭을 말한다. 이하 같다)이 변경된 경우

2. 소유자의 주소(법인인 경우에는 주된 사무소의 소재지를 말한다)가 변경된 경우

3. 소유자의 전화번호(법인인 경우에는 주된 사무소의 전화번호를 말한다. 이하 같다)가 변경된 경우

4. 등록대상동물이 죽은 경우

5. 등록대상동물 분실 신고 후, 그 동물을 다시 찾은 경우

6. 무선식별장치를 잃어버리거나 헐어 못 쓰게 되는 경우

② 제1항제1호의 경우에는 변경된 소유자가, 법 제12조제2항제1호 및 이 조 제1항제2호부터 제6호까지의 경우에는 등록대상동물의 소유자가 각각 해당 사항이 변경된 날부터 30일(등록대상동물을 잃어버린 경우에는 10일) 이내에 별지 제1호서식의 동물등록 신청서(변경신고서)에 다음 각 호의 서류를 첨부하여 시장·군수·구청장에게 신고하여야 한다. 이 경우 시장·군수·구청장은 「전자정부법」 제36조제1항에 따른 행정정보의 공동 이용을 통하여 주민등록표 초본, 외국인등록사실증명 또는 법인 등기사항증명서를 확인(제1항제1호 및 제2호의 경우만 해당한다)하여야 하며, 신청인이 확인에 동의하지 아니하는 경우에는 해당 서류(법인 등기사항증명서는 제외한다)를 첨부하게 하여야 한다. 〈개정 2017. 7. 3., 2018. 3. 22., 2019. 3. 21.〉

1. 동물등록증

2. 삭제 〈2017. 1. 25.〉

3. 등록대상동물이 죽었을 경우에는 그 사실을 증명할 수 있는 자료 또는 그 경위서

③ 제2항에 따라 변경신고를 받은 시장·군수·구청장은 변경신고를 한 자에게 별지 제2호서식의 동물등록증을 발급하고, 등록사항을 기록·유지·관리하여야 한다.

④ 제1항제2호의 경우에는 「주민등록법」 제16조제1항에 따른 전입신고를 한 경우 변경신고가 있는 것으로 보아 시장·군수·구청장은 동물보호관리시스템의 주소를 정정하고, 등록사항을 기록·유지·관리하여야 한다.

⑤ 법 제12조제2항제1호 및 이 조 제1항제2호부터 제5호까지의 경우 소유자는 동물보호관리시스템을 통하여 해당 사항에 대한 변경신고를 할 수 있다. 〈개정 2017. 7. 3., 2018. 3. 22.〉

⑥ 등록대상동물을 잃어버린 사유로 제2항에 따라 변경신고를 받은 시장·군수·구청장은 그 사실을 등록사항에 기록하여 신고일부터 1년간 보관하여야 하고, 1년 동안 제1항제5호에 따른 변경 신고가 없는 경우에는 등록사항을 말소한다. 〈개정 2019. 3. 21.〉

⑦ 등록대상동물이 죽은 사유로 제2항에 따라 변경신고를 받은 시장·군수·구청장은 그 사실을 등록사항에 기록하여 보관하고 1년이 지나면 그 등록사항을 말소한다. 〈개정 2019. 3. 21.〉

⑧ 제1항제6호의 사유로 인한 변경신고에 관하여는 제8조제1항 및 제2항을 준용한다.

⑨ 제7조에 따라 동물등록이 제외되는 지역의 시장·군수는 소유자가 이미 등록된 등록대상동물의 법 제12조제2항제1호 및 이 조

제1항제1호부터 제5호까지의 사항에 대해 변경신고를 하는 경우 해당 동물등록 관련 정보를 유지·관리하여야 한다. 〈개정 2018. 3. 22.〉

제10조(등록업무의 대행) ① 법 제12조제4항에서 "농림축산식품부령으로 정하는 자"란 다음 각 호의 어느 하나에 해당하는 자 중에서 시장·군수·구청장이 지정하는 자를 말한다. 〈개정 2019. 3. 21., 2020. 8. 21.〉

1. 「수의사법」 제17조에 따라 동물병원을 개설한 자

2. 「비영리민간단체 지원법」 제4조에 따라 등록된 비영리민간단체 중 동물보호를 목적으로 하는 단체

3. 「민법」 제32조에 따라 설립된 법인 중 동물보호를 목적으로 하는 법인

4. 법 제33조제1항에 따라 등록한 동물판매업자

5. 법 제15조에 따른 동물보호센터(이하 "동물보호센터"라 한다)

② 법 제12조제4항에 따라 같은 조 제1항부터 제3항까지의 규정에 따른 업무를 대행하는 자(이하 이 조에서 "동물등록대행자"라 한다)는 등록대상동물에 무선식별장치를 체내에 삽입하는 등 외과적 시술이 필요한 행위는 소속 수의사(지정된 자가 수의사인 경우를 포함한다)에게 하게 하여야 한다. 〈개정 2013. 12. 31., 2020. 8. 21.〉

③ 시장·군수·구청장은 필요한 경우 관할 지역 내에 있는 모든 동물등록대행자에 대하여 해당 동물등록대행자가 판매하는 무선식별장치의 제품명과 판매가격을 동물보호관리시스템에 게재하게 하고

해당 영업소 안의 보기 쉬운 곳에 게시하도록 할 수 있다. 〈신설 2013. 12. 31.〉

제11조(인식표의 부착) 법 제13조제1항에 따라 등록대상동물을 기르는 곳에서 벗어나게 하는 경우 해당 동물의 소유자등은 다음 각 호의 사항을 표시한 인식표를 등록대상동물에 부착하여야 한다.

1. 소유자의 성명
2. 소유자의 전화번호
3. 동물등록번호(등록한 동물만 해당한다)

제12조(안전조치) ① 소유자등은 법 제13조제2항에 따라 등록대상동물을 동반하고 외출할 때에는 목줄 또는 가슴줄을 하거나 이동장치를 사용해야 한다. 다만, 소유자등이 월령 3개월 미만인 등록대상동물을 직접 안아서 외출하는 경우에는 해당 안전조치를 하지 않을 수 있다. 〈개정 2021. 2. 10.〉

② 제1항 본문에 따른 목줄 또는 가슴줄은 2미터 이내의 길이여야 한다. 〈개정 2021. 2. 10.〉

③ 등록대상동물의 소유자등은 법 제13조제2항에 따라 「주택법 시행령」 제2조제2호 및 제3호에 따른 다중주택 및 다가구주택, 같은 영 제3조에 따른 공동주택의 건물 내부의 공용공간에서는 등록대상동물을 직접 안거나 목줄의 목덜미 부분 또는 가슴줄의 손잡이 부분을 잡는 등 등록대상동물이 이동할 수 없도록 안전조치를 해야 한다. 〈신설 2021. 2. 10.〉

[전문개정 2019. 3. 21.]

제12조의2(맹견의 관리) ① 맹견의 소유자등은 법 제13조의2제1항

제2호에 따라 월령이 3개월 이상인 맹견을 동반하고 외출할 때에는 다음 각 호의 사항을 준수하여야 한다.

1. 제12조제1항에도 불구하고 맹견에게는 목줄만 할 것

2. 맹견이 호흡 또는 체온조절을 하거나 물을 마시는 데 지장이 없는 범위에서 사람에 대한 공격을 효과적으로 차단할 수 있는 크기의 입마개를 할 것

② 맹견의 소유자등은 제1항제1호 및 제2호에도 불구하고 다음 각 호의 기준을 충족하는 이동장치를 사용하여 맹견을 이동시킬 때에는 맹견에게 목줄 및 입마개를 하지 않을 수 있다.

1. 맹견이 이동장치에서 탈출할 수 없도록 잠금장치를 갖출 것

2. 이동장치의 입구, 잠금장치 및 외벽은 충격 등에 의해 쉽게 파손되지 않는 견고한 재질일 것

[본조신설 2019. 3. 21.]

제12조의3(맹견에 대한 격리조치 등에 관한 기준) 법 제13조의2제2항에 따라 맹견이 사람에게 신체적 피해를 주는 경우 소유자등의 동의 없이 취할 수 있는 맹견에 대한 격리조치 등에 관한 기준은 별표 3과 같다.

[본조신설 2019. 3. 21.]

제12조의4(맹견 소유자의 교육) ① 법 제13조의2제3항에 따른 맹견 소유자의 맹견에 관한 교육은 다음 각 호의 구분에 따른다.

1. 맹견의 소유권을 최초로 취득한 소유자의 신규교육: 소유권을 취득한 날부터 6개월 이내 3시간

2. 그 외 맹견 소유자의 정기교육: 매년 3시간

② 제1항 각 호에 따른 교육은 다음 각 호의 어느 하나에 해당하는 기관으로서 농림축산식품부장관이 지정하는 기관(이하 “교육기관”이라 한다)이 실시하며, 원격교육으로 그 과정을 대체할 수 있다. 〈개정 2021. 2. 10.〉

1. 「수의사법」 제23조에 따른 대한수의사회
2. 영 제5조 각 호에 따른 법인 또는 단체
3. 농림축산식품부 소속 교육전문기관
4. 「농업·농촌 및 식품산업 기본법」 제11조의2에 따른 농림수산식품교육문화정보원

③ 제1항 각 호에 따른 교육은 다음 각 호의 내용을 포함하여야 한다.

1. 맹견의 종류별 특성, 사육방법 및 질병예방에 관한 사항
2. 맹견의 안전관리에 관한 사항
3. 동물의 보호와 복지에 관한 사항
4. 이 법 및 동물보호정책에 관한 사항
5. 그 밖에 교육기관이 필요하다고 인정하는 사항

④ 교육기관은 제1항 각 호에 따른 교육을 실시한 경우에는 그 결과를 교육이 끝난 후 30일 이내에 시장·군수·구청장에게 통지하여야 한다.

⑤ 제4항에 따른 통지를 받은 시장·군수·구청장은 그 기록을 유지·관리하고, 교육이 끝난 날부터 2년 동안 보관하여야 한다.

[본조신설 2019. 3. 21.]

제12조의5(보험금액) ① 영 제6조의2제1호나목에서 “농림축산식품

부령으로 정하는 상해등급에 따른 금액"이란 별표 3의2 제1호의 상해등급에 따른 보험금액을 말한다.

② 영 제6조의2제1호다목에서 "농림축산식품부령으로 정하는 후유장애등급에 따른 금액"이란 별표 3의2 제2호의 후유장애등급에 따른 보험금액을 말한다.

[본조신설 2021. 2. 10.]

제13조(구조ㆍ보호조치 제외 동물) ① 법 제14조제1항 각 호 외의 부분 단서에서 "농림축산식품부령으로 정하는 동물"이란 도심지나 주택가에서 자연적으로 번식하여 자생적으로 살아가는 고양이로서 개체수 조절을 위해 중성화(中性化)하여 포획장소에 방사(放飼)하는 등의 조치 대상이거나 조치가 된 고양이를 말한다. 〈개정 2013. 3. 23., 2018. 3. 22.〉

② 제1항의 경우 세부적인 처리방법에 대해서는 농림축산식품부장관이 정하여 고시할 수 있다. 〈개정 2013. 3. 23.〉

제14조(보호조치 기간) 특별시장ㆍ광역시장ㆍ도지사 및 특별자치도지사(이하 "시ㆍ도지사"라 한다)와 시장ㆍ군수ㆍ구청장은 법 제14조제3항에 따라 소유자로부터 학대받은 동물을 보호할 때에는 수의사의 진단에 따라 기간을 정하여 보호조치하되 3일 이상 소유자로부터 격리조치 하여야 한다. 〈개정 2018. 3. 22., 2020. 8. 21.〉

제15조(동물보호센터의 지정 등) ① 법 제15조제1항 및 제3항에서 "농림축산식품부령으로 정하는 기준"이란 별표 4의 동물보호센터의 시설기준을 말한다. 〈개정 2013. 3. 23.〉

② 법 제15조제4항에 따라 동물보호센터로 지정을 받으려는 자는

별지 제4호서식의 동물보호센터 지정신청서에 다음 각 호의 서류를 첨부하여 시 · 도지사 또는 시장 · 군수 · 구청장이 공고하는 기간 내에 제출하여야 한다. 〈개정 2018. 3. 22.〉

1. 별표 4의 기준을 충족함을 증명하는 자료
2. 동물의 구조 · 보호조치에 필요한 건물 및 시설의 명세서
3. 동물의 구조 · 보호조치에 종사하는 인력현황
4. 동물의 구조 · 보호조치 실적(실적이 있는 경우에만 해당한다)
5. 사업계획서

③ 제2항에 따라 동물보호센터 지정 신청을 받은 시 · 도지사 또는 시장 · 군수 · 구청장은 별표 4의 지정기준에 가장 적합한 법인 · 단체 또는 기관을 동물보호센터로 지정하고, 별지 제5호서식의 동물보호센터 지정서를 발급하여야 한다. 〈개정 2018. 3. 22.〉

④ 동물보호센터를 지정한 시 · 도지사 또는 시장 · 군수 · 구청장은 제1항의 기준 및 제19조의 준수사항을 충족하는 지 여부를 연 2회 이상 점검하여야 한다. 〈개정 2018. 3. 22.〉

⑤ 동물보호센터를 지정한 시 · 도지사 또는 시장 · 군수 · 구청장은 제4항에 따른 점검결과를 연 1회 이상 농림축산검역본부장(이하 "검역본부장"이라 한다)에게 통지하여야 한다. 〈신설 2019. 3. 21.〉

제16조(동물의 보호비용 지원 등) ① 법 제15조제6항에 따라 동물의 보호비용을 지원받으려는 동물보호센터는 동물의 보호비용을 시 · 도지사 또는 시장 · 군수 · 구청장에게 청구하여야 한다. 〈개정 2018. 3. 22.〉

② 시 · 도지사 또는 시장 · 군수 · 구청장은 제1항에 따른 비용을

청구받은 경우 그 명세를 확인하고 금액을 확정하여 지급할 수 있다. 〈개정 2018. 3. 22.〉

제17조(동물보호센터 운영위원회의 설치 및 기능 등) ① 법 제15조제9항에서 "농림축산식품부령으로 정하는 일정 규모 이상"이란 연간 유기동물 처리 마릿수가 1천마리 이상인 것을 말한다. 〈개정 2013. 3. 23., 2018. 3. 22.〉

② 법 제15조제9항에 따라 동물보호센터에 설치하는 운영위원회(이하 "운영위원회"라 한다)는 다음 각 호의 사항을 심의한다. 〈개정 2018. 3. 22.〉

1. 동물보호센터의 사업계획 및 실행에 관한 사항
2. 동물보호센터의 예산·결산에 관한 사항
3. 그 밖에 이 법의 준수 여부 등에 관한 사항

제18조(운영위원회의 구성·운영 등) ① 운영위원회는 위원장 1명을 포함하여 3명 이상 10명 이하의 위원으로 구성한다.

② 위원장은 위원 중에서 호선(互選)하고, 위원은 다음 각 호의 어느 하나에 해당하는 사람 중에서 동물보호센터 운영자가 위촉한다. 〈개정 2018. 3. 22.〉

1. 「수의사법」 제2조제1호에 따른 수의사
2. 법 제4조제4항에 따른 민간단체에서 추천하는 동물보호에 관한 학식과 경험이 풍부한 사람
3. 법 제41조에 따른 동물보호명예감시원으로서 그 동물보호센터를 지정한 지방자치단체의 장에게 위촉을 받은 사람
4. 그 밖에 동물보호에 관한 학식과 경험이 풍부한 사람

③ 운영위원회에는 다음 각 호에 해당하는 위원이 각 1명 이상 포함되어야 한다. 〈개정 2019. 3. 21.〉

1. 제2항제1호에 해당하는 위원

2. 제2항제2호에 해당하는 위원으로서 동물보호센터와 이해관계가 없는 사람

3. 제2항제3호 또는 제4호에 해당하는 위원으로서 동물보호센터와 이해관계가 없는 사람

④ 위원의 임기는 2년으로 하며, 중임할 수 있다.

⑤ 동물보호센터는 위원회의 회의를 매년 1회 이상 소집하여야 하고, 그 회의록을 작성하여 3년 이상 보존하여야 한다.

⑥ 제1항부터 제5항까지에서 규정한 사항 외에 위원회의 구성 및 운영 등에 필요한 사항은 운영위원회의 의결을 거쳐 위원장이 정한다.

제19조(동물보호센터의 준수사항) 법 제15조제10항에 따른 동물보호센터의 준수사항은 별표 5와 같다. 〈개정 2018. 3. 22.〉

제20조(공고) ① 시ㆍ도지사와 시장ㆍ군수ㆍ구청장은 영 제7조제1항 단서에 따라 동물 보호조치에 관한 공고를 하는 경우 별지 제6호서식의 동물보호 공고문을 작성하여 해당 지방자치단체의 게시판 및 인터넷 홈페이지에 공고하여야 한다. 〈개정 2018. 3. 22.〉

② 시ㆍ도지사와 시장ㆍ군수ㆍ구청장은 영 제7조제2항에 따라 별지 제7호서식의 보호동물 개체관리카드와 별지 제8호서식의 보호동물 관리대장을 작성하여 동물보호관리시스템으로 관리하여야 한다. 〈개정 2018. 3. 22.〉

제21조(보호비용의 납부) ① 시·도지사와 시장·군수·구청장은 법 제19조제2항에 따라 동물의 보호비용을 징수하려는 때에는 해당 동물의 소유자에게 별지 제9호서식의 비용징수통지서에 따라 통지하여야 한다. 〈개정 2018. 3. 22.〉

② 제1항에 따라 비용징수통지서를 받은 동물의 소유자는 비용징수통지서를 받은 날부터 7일 이내에 보호비용을 납부하여야 한다. 다만, 천재지변이나 그 밖의 부득이한 사유로 보호비용을 낼 수 없을 때에는 그 사유가 없어진 날부터 7일 이내에 내야 한다.

③ 동물의 소유자가 제2항에 따라 보호비용을 납부기한까지 내지 아니한 경우에는 고지된 비용에 이자를 가산하되, 그 이자를 계산할 때에는 납부기한의 다음 날부터 납부일까지 「소송촉진 등에 관한 특례법」 제3조제1항에 따른 법정이율을 적용한다.

④ 법 제19조제1항 및 제2항에 따른 보호비용은 수의사의 진단·진료 비용 및 동물보호센터의 보호비용을 고려하여 시·도의 조례로 정한다.

제22조(동물의 인도적인 처리) 법 제22조제1항에서 "농림축산식품부령으로 정하는 사유"란 다음 각 호의 어느 하나에 해당하는 경우를 말한다. 〈개정 2013. 3. 23., 2018. 3. 22.〉

1. 동물이 질병 또는 상해로부터 회복될 수 없거나 지속적으로 고통을 받으며 살아야 할 것으로 수의사가 진단한 경우

2. 동물이 사람이나 보호조치 중인 다른 동물에게 질병을 옮기거나 위해를 끼칠 우려가 매우 높은 것으로 수의사가 진단한 경우

3. 법 제21조에 따른 기증 또는 분양이 곤란한 경우 등 시·도지사

또는 시장·군수·구청장이 부득이한 사정이 있다고 인정하는 경우

제23조(동물실험금지의 적용 예외) ① 법 제24조 각 호 외의 부분 단서에서 "농림축산식품부령으로 정하는 불가피한 사유"란 다음 각 호의 어느 하나에 해당하는 경우를 말한다. 〈개정 2013. 3. 23., 2021. 2. 10.〉

1. 인수공통전염병(人獸共通傳染病) 등 질병의 진단·치료 또는 연구를 하는 경우. 다만, 해당 질병의 확산으로 인간 및 동물의 건강과 안전에 심각한 위해가 발생될 것이 우려되는 때만 해당한다.

2. 법 제24조제2호에 따른 동물의 선발을 목적으로 하거나 해당 동물의 효율적인 훈련방식에 관한 연구를 하는 경우

3. 삭제 〈2021. 2. 10.〉

② 제1항에서 정한 사유로 실험을 하려면 해당 동물을 실험하려는 동물실험시행기관의 동물실험윤리위원회(이하 "윤리위원회"라 한다)의 심의를 거치되, 심의 결과 동물실험이 타당한 것으로 나타나면 법 제24조 각 호 외의 부분 단서에 따른 승인으로 본다.

제23조의2(미성년자 동물 해부실습 금지의 적용 예외) 법 제24조의2 단서에서 "「초·중등교육법」 제2조에 따른 학교 또는 동물실험시행기관 등이 시행하는 경우 등 농림축산식품부령으로 정하는 경우"란 「초·중등교육법」 제2조에 따른 학교 및 「영재교육 진흥법」 제2조제4호에 따른 영재학교(이하 이 조에서 "학교"라 한다) 또는 동물실험시행기관이 다음 각 호의 어느 하나에 해당하는 경우를 말한다.

1. 학교가 동물 해부실습의 시행에 대해 법 제25조제1항에 따른 동물실험시행기관의 동물실험윤리위원회의 심의를 거친 경우

2. 학교가 다음 각 목의 요건을 모두 갖추어 동물 해부실습을 시행하는 경우

가. 동물 해부실습에 관한 사항을 심의하기 위하여 학교에 동물 해부실습 심의위원회(이하 "심의위원회"라 한다)를 둘 것

나. 심의위원회는 위원장 1명을 포함하여 5명 이상 15명 이하의 위원으로 구성하되, 위원장은 위원 중에서 호선하고, 위원은 다음의 사람 중에서 학교의 장이 임명 또는 위촉할 것

1) 과학 관련 교원

2) 특별시 · 광역시 · 특별자치시 · 도 및 특별자치도(이하 "시 · 도"라 한다) 교육청 소속 공무원 및 그 밖의 교육과정 전문가

3) 학교의 소재지가 속한 시 · 도에 거주하는 「수의사법」 제2조제1호에 따른 수의사, 「약사법」 제2조제2호에 따른 약사 또는 「의료법」 제2조제2항제1호부터 제3호까지의 규정에 따른 의사 · 치과의사 · 한의사

4) 학교의 학부모

다. 학교의 장이 심의위원회의 심의를 거쳐 동물 해부실습의 시행이 타당하다고 인정할 것

라. 심의위원회의 심의 및 운영에 관하여 별표 5의2의 기준을 준수할 것

3. 동물실험시행기관이 동물 해부실습의 시행에 대해 법 제25조제1항 본문 또는 단서에 따른 동물실험윤리위원회 또는 실험동물운영위원회의 심의를 거친 경우

[본조신설 2021. 2. 10.]

제24조(윤리위원회의 공동 설치 등) ① 법 제25조제2항에 따라 다른 동물실험시행기관과 공동으로 윤리위원회를 설치할 수 있는 기관은 다음 각 호의 어느 하나에 해당하는 기관으로 한다. 〈개정 2017. 1. 25.〉

1. 연구인력 5명 이하인 경우

2. 동물실험계획의 심의 건수 및 관련 연구 실적 등에 비추어 윤리위원회를 따로 두는 것이 적절하지 않은 것으로 판단되는 기관

② 법 제25조제2항에 따라 공동으로 윤리위원회를 설치할 경우에는 참여하는 동물실험시행기관 간에 윤리위원회의 공동설치 및 운영에 관한 업무협약을 체결하여야 한다.

제25조(운영 실적) 동물실험시행기관의 장이 영 제12조제6항에 따라 윤리위원회 운영 및 동물실험의 실태에 관한 사항을 검역본부장에게 통지할 때에는 별지 제10호서식의 동물실험윤리위원회 운영 실적 통보서(전자문서로 된 통보서를 포함한다)에 따른다. 〈개정 2013. 3. 23., 2019. 3. 21.〉

제26조(윤리위원회 위원 자격) ① 법 제27조제2항제1호에서 "농림축산식품부령으로 정하는 자격기준에 맞는 사람"이란 다음 각 호의 어느 하나에 해당하는 사람을 말한다. 〈개정 2013. 3. 23.〉

1. 「수의사법」 제23조에 따른 대한수의사회에서 인정하는 실험동물 전문수의사

2. 영 제4조에 따른 동물실험시행기관에서 동물실험 또는 실험동물에 관한 업무에 1년 이상 종사한 수의사

3. 제2항제2호 또는 제4호에 따른 교육을 이수한 수의사

② 법 제27조제2항제2호에서 "농림축산식품부령으로 정하는 자격기준에 맞는 사람"이란 다음 각 호의 어느 하나에 해당하는 사람을 말한다. 〈개정 2013. 3. 23.〉

1. 영 제5조 각 호에 따른 법인 또는 단체에서 동물보호나 동물복지에 관한 업무에 1년 이상 종사한 사람

2. 영 제5조 각 호에 따른 법인·단체 또는 「고등교육법」 제2조에 따른 학교에서 실시하는 동물보호·동물복지 또는 동물실험에 관련된 교육을 이수한 사람

3. 「생명윤리 및 안전에 관한 법률」 제6조에 따른 국가생명윤리심의위원회의 위원 또는 같은 법 제9조에 따른 기관생명윤리심의위원회의 위원으로 1년 이상 재직한 사람

4. 검역본부장이 실시하는 동물보호·동물복지 또는 동물실험에 관련된 교육을 이수한 사람

③ 법 제27조제2항제3호에서 "농림축산식품부령으로 정하는 사람"이란 다음 각 호의 어느 하나에 해당하는 사람을 말한다. 〈개정 2013. 3. 23.〉

1. 동물실험 분야에서 박사학위를 취득한 사람으로서 동물실험 또는 실험동물 관련 업무에 종사한 경력이 있는 사람

2. 「고등교육법」 제2조에 따른 학교에서 철학·법학 또는 동물보호·동물복지를 담당하는 교수

3. 그 밖에 실험동물의 윤리적 취급과 과학적 이용을 위하여 필요하다고 해당 동물실험시행기관의 장이 인정하는 사람으로서 제2항제2호 또는 제4호에 따른 교육을 이수한 사람

④ 제2항제2호 및 제4호에 따른 동물보호·동물복지 또는 동물실험에 관련된 교육의 내용 및 교육과정의 운영에 관하여 필요한 사항은 검역본부장이 정하여 고시할 수 있다. 〈개정 2013. 3. 23.〉

제27조(윤리위원회의 구성) ① 동물실험시행기관의 장은 윤리위원회를 구성하려는 경우에는 법 제4조제4항에 따른 민간단체에 법 제27조제2항제2호에 해당하는 위원의 추천을 의뢰하여야 한다. 〈개정 2018. 3. 22.〉

② 제1항의 추천을 의뢰받은 민간단체는 해당 동물실험시행기관의 윤리위원회 위원으로 적합하다고 판단되는 사람 1명 이상을 해당 동물실험시행기관에 추천할 수 있다. 〈개정 2017. 1. 25.〉

③ 동물실험시행기관의 장은 제2항에 따라 추천받은 사람 중 적임자를 선택하여 법 제27조제2항제1호 및 제3호에 해당하는 위원과 함께 법 제27조제4항에 적합하도록 윤리위원회를 구성하고, 그 내용을 검역본부장에게 통지하여야 한다. 〈개정 2013. 3. 23.〉

④ 제3항에 따라 설치를 통지한 윤리위원회 위원이나 위원의 구성이 변경된 경우, 해당 동물실험시행기관의 장은 변경된 날부터 30일 이내에 그 사실을 검역본부장에게 통지하여야 한다. 〈개정 2013. 3. 23.〉

제28조(윤리위원회 위원의 이해관계의 범위) 법 제27조제4항에 따른 해당 동물실험시행기관과 이해관계가 없는 사람은 다음 각 호의 어느 하나에 해당하지 않는 사람을 말한다.

1. 최근 3년 이내 해당 동물실험시행기관에 재직한 경력이 있는 사람과 그 배우자

2. 해당 동물실험시행기관의 임직원 및 그 배우자의 직계혈족, 직계혈족의 배우자 및 형제 · 자매

3. 해당 동물실험시행기관 총 주식의 100분의 3 이상을 소유한 사람 또는 법인의 임직원

4. 해당 동물실험시행기관에 실험동물이나 관련 기자재를 공급하는 등 사업상 거래관계에 있는 사람 또는 법인의 임직원

5. 해당 동물실험시행기관의 계열회사 또는 같은 법인에 소속된 임직원

제29조(동물복지축산농장의 인증대상 동물의 범위) 법 제29조제1항에서 "농림축산식품부령으로 정하는 동물"이란 소, 돼지, 닭, 오리, 그 밖에 검역본부장이 정하여 고시하는 동물을 말한다. 〈개정 2013. 3. 23.〉

제30조(동물복지축산농장 인증기준) 법 제29조제1항에 따른 동물복지축산농장(이하 "동물복지축산농장"이라 한다) 인증기준은 별표 6과 같다. 〈개정 2017. 7. 3.〉

제31조(인증의 신청) 법 제29조제2항에 따라 동물복지축산농장으로 인증을 받으려는 자는 별지 제11호서식의 동물복지축산농장 인증 신청서에 다음 각 호의 서류를 첨부하여 검역본부장에게 제출하여야 한다. 〈개정 2013. 3. 23., 2014. 4. 8., 2019. 8. 26.〉

1. 「축산법」에 따른 축산업 허가증 또는 가축사육업 등록증 사본 1부

2. 검역본부장이 정하여 고시하는 서식의 가축종류별 축산농장 운영현황서 1부

제32조(동물복지축산농장의 인증 절차 및 방법) ① 검역본부장은 제31조에 따라 인증 신청을 받으면 신청일부터 3개월 이내에 인증심사를 하고, 별표 6의 인증기준에 맞는 경우 신청인에게 별지 제12호서식의 동물복지축산농장 인증서를 발급하고, 별지 제13호서식의 동물복지축산농장 인증 관리대장을 유지·관리하여야 한다. 〈개정 2013. 3. 23.〉

② 제1항의 인증 관리대장은 전자적 처리가 불가능한 특별한 사유가 없으면 전자적 방법으로 작성·관리하여야 한다.

③ 제1항 전단에 따른 인증심사의 세부절차 및 방법은 별표 7과 같다.

④ 그 밖에 인증절차 및 방법에 관하여 필요한 사항은 검역본부장이 정하여 고시한다. 〈개정 2013. 3. 23.〉

제33조(동물복지축산농장의 표시) ① 동물복지축산농장이나 동물복지축산농장에서 생산한 「축산물 위생관리법」 제2조제2호에 따른 축산물의 포장·용기 등에는 동물복지축산농장의 표시를 할 수 있다. 다만, 식육·포장육 및 식육가공품에는 그 생산과정에서 다음 각 호의 사항을 준수한 경우에만 동물복지축산농장의 표시를 할 수 있다. 〈개정 2017. 7. 3.〉

1. 동물을 도살하기 위하여 도축장으로 운송할 때에는 법 제9조제2항에 따른 구조 및 설비기준에 맞는 동물 운송 차량을 이용할 것

2. 동물을 도살할 때에는 법 제10조제2항 및 이 규칙 제6조제2항에 따라 농림축산식품부장관이 고시하는 도살방법에 따를 것

② 제1항에 따른 동물복지축산농장의 표시방법은 별표 8과 같다.

제34조(동물복지축산농장 인증의 승계신고) ① 법 제31조제1항에 따라 동물복지축산농장 인증을 받은 자의 지위를 승계한 자는 별지 제14호서식의 동물복지축산농장 인증 승계신고서에 다음 각 호의 서류를 첨부하여 지위를 승계한 날부터 30일 이내에 검역본부장에게 제출하여야 한다. 〈개정 2013. 3. 23., 2014. 4. 8., 2019. 8. 26.〉

1. 「축산법 시행규칙」 제29조에 따른 승계사항이 기재된 축산업 허가증 또는 가축사육업 등록증 사본 1부

2. 승계받은 농장의 동물복지축산농장 인증서 1부

3. 검역본부장이 정하여 고시하는 서식의 가축종류별 축산농장 운영현황서 1부

② 검역본부장은 제1항에 따른 동물복지축산농장 인증 승계신고서를 수리(受理)하였을 때에는 별지 제12호서식의 동물복지축산농장 인증서를 발급하여야 한다. 〈개정 2013. 3. 23.〉

제35조(영업별 시설 및 인력 기준) 법 제32조제1항에 따라 반려동물과 관련된 영업을 하려는 자가 갖추어야 하는 시설 및 인력 기준은 별표 9와 같다.

[전문개정 2020. 8. 21.]

제36조(영업의 세부범위) 법 제32조제2항에 따른 동물 관련 영업의 세부범위는 다음 각 호와 같다. 〈개정 2012. 12. 26., 2017. 7. 3., 2018. 3. 22., 2020. 8. 21., 2021. 6. 17.〉

1. 동물장묘업: 다음 각 목 중 어느 하나 이상의 시설을 설치·운영하는 영업

가. 동물 전용의 장례식장

나. 동물의 사체 또는 유골을 불에 태우는 방법으로 처리하는 시설[이하 "동물화장(火葬)시설"이라 한다], 건조·멸균분쇄의 방법으로 처리하는 시설[이하 "동물건조장(乾燥葬)시설"이라 한다] 또는 화학 용액을 사용해 동물의 사체를 녹이고 유골만 수습하는 방법으로 처리하는 시설[이하 "동물수분해장(水分解葬)시설"이라 한다]

다. 동물 전용의 봉안시설

2. 동물판매업: 반려동물을 구입하여 판매, 알선 또는 중개하는 영업

3. 동물수입업: 반려동물을 수입하여 판매하는 영업

4. 동물생산업: 반려동물을 번식시켜 판매하는 영업

5. 동물전시업: 반려동물을 보여주거나 접촉하게 할 목적으로 영업자 소유의 동물을 5마리 이상 전시하는 영업. 다만, 「동물원 및 수족관의 관리에 관한 법률」 제2조제1호에 따른 동물원은 제외한다.

6. 동물위탁관리업: 반려동물 소유자의 위탁을 받아 반려동물을 영업장 내에서 일시적으로 사육, 훈련 또는 보호하는 영업

7. 동물미용업: 반려동물의 털, 피부 또는 발톱 등을 손질하거나 위생적으로 관리하는 영업

8. 동물운송업: 반려동물을 「자동차관리법」 제2조제1호의 자동차를 이용하여 운송하는 영업

제37조(동물장묘업 등의 등록) ① 법 제33조제1항에 따라 동물장묘업, 동물판매업, 동물수입업, 동물전시업, 동물위탁관리업, 동물미용업 또는 동물운송업의 등록을 하려는 자는 별지 제15호서식의 영업

등록 신청서(전자문서로 된 신청서를 포함한다)에 다음 각 호의 서류(전자문서를 포함한다)를 첨부하여 관할 시장·군수·구청장에게 제출해야 한다. 〈개정 2012. 12. 26., 2016. 1. 21., 2018. 3. 22., 2021. 6. 17.〉

1. 인력 현황

2. 영업장의 시설 내역 및 배치도

3. 사업계획서

4. 별표 9의 시설기준을 갖추었음을 증명하는 서류가 있는 경우에는 그 서류

5. 삭제 〈2016. 1. 21.〉

6. 동물사체에 대한 처리 후 잔재에 대한 처리계획서(동물화장시설, 동물건조장시설 또는 동물수분해장시설을 설치하는 경우에만 해당한다)

7. 폐업 시 동물의 처리계획서(동물전시업의 경우에만 해당한다)

② 제1항에 따른 신청서를 받은 시장·군수·구청장은 「전자정부법」 제36조제1항에 따른 행정정보의 공동이용을 통하여 다음 각 호의 서류를 확인해야 한다. 다만, 신청인이 주민등록표 초본 및 자동차등록증의 확인에 동의하지 않는 경우에는 해당 서류를 직접 제출하도록 해야 한다. 〈개정 2021. 6. 17.〉

1. 주민등록표 초본(법인인 경우에는 법인 등기사항증명서)

2. 건축물대장 및 토지이용계획정보(자동차를 이용한 동물미용업 또는 동물운송업의 경우는 제외한다)

3. 자동차등록증(자동차를 이용한 동물미용업 또는 동물운송업의

경우에만 해당한다)

③ 시장 · 군수 · 구청장은 제1항에 따른 신청인이 법 제33조제4항 제1호 또는 제4호에 해당되는지를 확인할 수 없는 경우에는 해당 신청인에게 제1항의 서류 외에 신원확인에 필요한 자료를 제출하게 할 수 있다. 〈개정 2021. 6. 17.〉

④ 시장 · 군수 · 구청장은 제1항에 따른 등록 신청이 별표 9의 기준에 맞는 경우에는 신청인에게 별지 제16호서식의 등록증을 발급하고, 별지 제17호서식의 동물장묘업 등록(변경신고) 관리대장과 별지 제18호서식의 동물판매업 · 동물수입업 · 동물전시업 · 동물위탁관리업 · 동물미용업 및 동물운송업 등록(변경신고) 관리대장을 각각 작성 · 관리하여야 한다. 〈개정 2018. 3. 22.〉

⑤ 제1항에 따라 등록을 한 영업자가 등록증을 잃어버리거나 헐어 못 쓰게 되어 재발급을 받으려는 경우에는 별지 제19호서식의 등록증 재발급신청서(전자문서로 된 신청서를 포함한다)를 시장 · 군수 · 구청장에게 제출하여야 한다. 〈개정 2018. 3. 22.〉

⑥ 제4항의 등록 관리대장은 전자적 처리가 불가능한 특별한 사유가 없으면 전자적 방법으로 작성 · 관리하여야 한다.

제38조(등록영업의 변경신고 등) ① 법 제33조제2항에서 "농림축산식품부령으로 정하는 사항"이란 다음 각 호의 사항을 말한다. 〈개정 2013. 3. 23., 2021. 6. 17.〉

1. 영업자의 성명(영업자가 법인인 경우에는 그 대표자의 성명)
2. 영업장의 명칭 또는 상호
3. 영업시설

4. 영업장의 주소

② 법 제33조제2항에 따라 동물장묘업, 동물판매업, 동물수입업, 동물전시업, 동물위탁관리업, 동물미용업 또는 동물운송업의 등록사항 변경신고를 하려는 자는 별지 제20호서식의 변경신고서(전자문서로 된 신고서를 포함한다)에 다음 각 호의 서류(전자문서를 포함한다. 이하 이 항에서 같다)를 첨부하여 시장·군수·구청장에게 제출해야 한다. 다만, 동물장묘업 영업장의 주소를 변경하는 경우에는 다음 각 호의 서류 외에 제37조제1항제3호·제4호 및 제6호의 서류 중 변경사항이 있는 서류를 첨부해야 한다. 〈개정 2012. 12. 26., 2017. 1. 25., 2018. 3. 22., 2021. 6. 17.〉

1. 등록증

2. 영업시설의 변경 내역서(시설변경의 경우만 해당한다)

③ 제2항에 따른 변경신고서를 받은 시장·군수·구청장은 「전자정부법」 제36조제1항에 따른 행정정보의 공동이용을 통하여 다음 각 호의 서류를 확인해야 한다. 다만, 신고인이 주민등록표 초본 및 자동차등록증의 확인에 동의하지 않는 경우에는 해당 서류를 직접 제출하도록 해야 한다. 〈신설 2021. 6. 17.〉

1. 주민등록표 초본(법인인 경우에는 법인 등기사항증명서)

2. 건축물대장 및 토지이용계획정보(자동차를 이용한 동물미용업 또는 동물운송업의 경우는 제외한다)

3. 자동차등록증(자동차를 이용한 동물미용업 또는 동물운송업의 경우에만 해당한다)

④ 제2항에 따른 변경신고에 관하여는 제37조제4항 및 제6항을

준용한다. 〈개정 2021. 6. 17.〉

제39조(휴업 등의 신고) ① 법 제33조제2항에 따라 동물장묘업, 동물판매업, 동물수입업, 동물전시업, 동물위탁관리업, 동물미용업 또는 동물운송업의 휴업·재개업 또는 폐업신고를 하려는 자는 별지 제21호서식의 휴업(재개업·폐업) 신고서(전자문서로 된 신고서를 포함한다)에 등록증 원본(폐업 신고의 경우로 한정한다)을 첨부하여 관할 시장·군수·구청장에게 제출해야 한다. 다만, 휴업의 기간을 정하여 신고하는 경우 그 기간이 만료되어 재개업할 때에는 신고하지 않을 수 있다. 〈개정 2017. 7. 3., 2018. 3. 22., 2021. 6. 17.〉

② 제1항에 따라 폐업신고를 하려는 자가 「부가가치세법」 제8조제7항에 따른 폐업신고를 같이 하려는 경우에는 제1항에 따른 폐업신고서에 「부가가치세법 시행규칙」 별지 제9호서식의 폐업신고서를 함께 제출하거나 「민원처리에 관한 법률 시행령」 제12조제10항에 따른 통합 폐업신고서를 제출하여야 한다. 이 경우 관할 시장·군수·구청장은 함께 제출받은 폐업신고서 또는 통합 폐업신고서를 지체 없이 관할 세무서장에게 송부(정보통신망을 이용한 송부를 포함한다. 이하 이 조에서 같다)하여야 한다. 〈신설 2017. 7. 3., 2021. 6. 17.〉

③ 관할 세무서장이 「부가가치세법 시행령」 제13조제5항에 따라 제1항에 따른 폐업신고를 받아 이를 관할 시장·군수·구청장에게 송부한 경우에는 제1항에 따른 폐업신고서가 제출된 것으로 본다. 〈신설 2017. 7. 3.〉

제40조(동물생산업의 허가) ① 동물생산업을 하려는 자는 법 제34조제1항에 따라 별지 제22호서식의 동물생산업 허가신청서(전자문서로 된 신청서를 포함한다)에 다음 각 호의 서류를 첨부하여 관할 시장·군수·구청장에게 제출하여야 한다. 〈개정 2018. 3. 22.〉

1. 영업장의 시설 내역 및 배치도
2. 인력 현황
3. 사업계획서
4. 폐업 시 동물의 처리계획서

② 제1항에 따른 신청서를 받은 시장·군수·구청장은 「전자정부법」 제36조제1항에 따른 행정정보의 공동이용을 통하여 다음 각 호의 서류를 확인해야 한다. 다만, 신청인이 주민등록표 초본의 확인에 동의하지 않는 경우에는 해당 서류를 직접 제출하도록 해야 한다. 〈개정 2018. 3. 22., 2021. 6. 17.〉

1. 주민등록표 초본(법인인 경우에는 법인 등기사항증명서)
2. 건축물대장 및 토지이용계획정보

③ 시장·군수·구청장은 제1항에 따른 신청인이 법 제34조제4항제1호 또는 제5호에 해당되는지를 확인할 수 없는 경우에는 해당 신청인에게 제1항 또는 제2항의 서류 외에 신원확인에 필요한 자료를 제출하게 할 수 있다. 〈개정 2018. 3. 22., 2021. 6. 17.〉

④ 시장·군수·구청장은 제1항에 따른 신청이 별표 9의 기준에 맞는 경우에는 신청인에게 별지 제23호서식의 허가증을 발급하고, 별지 제24호서식의 동물생산업 허가(변경신고) 관리대장을 작성·관리하여야 한다. 〈개정 2018. 3. 22.〉

⑤ 제4항에 따라 허가를 받은 자가 허가증을 잃어버리거나 헐어 못 쓰게 되어 재발급을 받으려는 경우에는 별지 제19호서식의 허가증 재발급 신청서(전자문서로 된 신청서를 포함한다)를 시장 · 군수 · 구청장에게 제출하여야 한다. 〈개정 2018. 3. 22.〉

⑥ 제4항의 동물생산업 허가(변경신고) 관리대장은 전자적 처리가 불가능한 특별한 사유가 없으면 전자적 방법으로 작성 · 관리하여야 한다. 〈개정 2018. 3. 22.〉

[제목개정 2018. 3. 22.]

제41조(허가사항의 변경 등의 신고) ① 법 제34조제2항에서 "농림축산식품부령으로 정하는 사항"이란 다음 각 호의 사항을 말한다. 〈개정 2013. 3. 23., 2021. 6. 17.〉

1. 영업자의 성명(영업자가 법인인 경우에는 그 대표자의 성명)
2. 영업장의 명칭 또는 상호
3. 영업시설
4. 영업장의 주소

② 법 제34조제2항에 따라 동물생산업의 허가사항 변경신고를 하려는 자는 별지 제20호서식의 변경신고서(전자문서로 된 신고서를 포함한다)에 다음 각 호의 서류를 첨부하여 시장 · 군수 · 구청장에게 제출해야 한다. 다만, 영업자가 영업장의 주소를 변경하는 경우에는 제40조제1항 각 호의 서류(전자문서로 된 서류를 포함한다) 중 변경사항이 있는 서류를 첨부해야 한다. 〈개정 2017. 1. 25., 2018. 3. 22., 2021. 6. 17.〉

1. 허가증

2. 영업시설의 변경 내역서(시설 변경의 경우만 해당한다)

③ 법 제34조제2항에 따른 동물생산업의 휴업·재개업·폐업의 신고에 관하여는 제39조를 준용한다. 이 경우 “등록증”은 “허가증”으로 본다. 〈개정 2021. 6. 17.〉

④ 제2항에 따른 변경신고에 관하여는 제40조제2항, 제4항 및 제6항을 준용한다. 이 경우 “신청서”는 “신고서”로, “신청인”은 “신고인”으로, “신청”은 “신고”로 본다. 〈개정 2021. 6. 17.〉

[제목개정 2018. 3. 22.]

제42조(영업자의 지위승계 신고) ① 법 제35조에 따라 영업자의 지위승계 신고를 하려는 자는 별지 제25호서식의 영업자 지위승계 신고서(전자문서로 된 신고서를 포함한다)에 다음 각 호의 구분에 따른 서류를 첨부하여 등록 또는 허가를 한 시장·군수·구청장에게 제출해야 한다. 〈개정 2021. 6. 17.〉

1. 양도·양수의 경우

가. 양도·양수 계약서 사본 등 양도·양수 사실을 확인할 수 있는 서류

나. 양도인의 인감증명서나 「본인서명사실 확인 등에 관한 법률」 제2조제3호에 따른 본인서명사실확인서 또는 같은 법 제7조제7항에 따른 전자본인서명확인서 발급증(양도인이 방문하여 본인확인을 하는 경우에는 제출하지 않을 수 있다)

2. 상속의 경우: 「가족관계의 등록 등에 관한 법률」 제15조제1항에 따른 가족관계증명서와 상속 사실을 확인할 수 있는 서류

3. 제1호와 제2호 외의 경우: 해당 사유별로 영업자의 지위를 승

계하였음을 증명할 수 있는 서류

② 제1항에 따른 신고서를 받은 시장 · 군수 · 구청장은 영업양도의 경우 「전자정부법」 제36조제1항에 따른 행정정보의 공동이용을 통하여 양도 · 양수를 증명할 수 있는 법인 등기사항증명서(법인이 아닌 경우에는 대표자의 주민등록표 초본을 말한다), 토지 등기사항증명서, 건물 등기사항증명서 또는 건축물대장을 확인해야 한다. 다만, 신고인이 주민등록표 초본의 확인에 동의하지 않는 경우에는 해당 서류를 직접 제출하도록 해야 한다. 〈개정 2021. 6. 17.〉

③ 제1항에 따른 지위승계신고를 하려는 자가 「부가가치세법」 제8조제7항에 따른 폐업신고를 같이 하려는 때에는 제1항에 따른 지위승계 신고서를 제출할 때에 「부가가치세법 시행규칙」 별지 제9호서식의 폐업신고서를 함께 제출해야 한다. 이 경우 관할 시장 · 군수 · 구청장은 함께 제출받은 폐업신고서를 지체 없이 관할 세무서장에게 송부(정보통신망을 이용한 송부를 포함한다)해야 한다. 〈신설 2021. 6. 17.〉

④ 시장 · 군수 · 구청장은 제1항에 따른 신고인이 법 제33조제4항제1호 · 제4호 및 법 제34조제4항제1호 · 제5호에 해당되는지를 확인할 수 없는 경우에는 해당 신고인에게 제1항 각 호의 서류 외에 신원확인에 필요한 자료를 제출하게 할 수 있다. 〈개정 2018. 3. 22., 2021. 6. 17.〉

⑤ 제1항에 따라 영업자의 지위승계를 신고하는 자가 제38조제1항제2호 또는 제41조제1항제2호에 따른 영업장의 명칭 또는 상호를 변경하려는 경우에는 이를 함께 신고할 수 있다. 〈개정 2018. 3.

22., 2021. 6. 17.〉

⑥ 시장·군수·구청장은 제1항의 신고를 받았을 때에는 신고인에게 별지 제16호서식의 등록증 또는 별지 제23호서식의 허가증을 재발급하여야 한다. 〈개정 2018. 3. 22., 2021. 6. 17.〉

제43조(영업자의 준수사항) 영업자(법인인 경우에는 그 대표자를 포함한다)와 그 종사자의 준수사항은 별표 10과 같다. 〈개정 2018. 3. 22.〉

제44조(동물판매업자 등의 교육) ① 법 제37조제1항 및 제2항에 따른 교육대상자별 교육시간은 다음 각 호의 구분에 따른다. 〈개정 2018. 3. 22.〉

1. 동물판매업, 동물수입업, 동물생산업, 동물전시업, 동물위탁관리업, 동물미용업 또는 동물운송업을 하려는 자: 등록신청일 또는 허가신청일 이전 1년 이내 3시간
2. 법 제38조에 따라 영업정지 처분을 받은 자: 처분을 받은 날부터 6개월 이내 3시간
3. 영업자(동물장묘업자는 제외한다): 매년 3시간

② 교육기관은 다음 각 호의 내용을 포함하여 교육을 실시하여야 한다. 〈개정 2019. 3. 21.〉

1. 이 법 및 동물보호정책에 관한 사항
2. 동물의 보호·복지에 관한 사항
3. 동물의 사육·관리 및 질병예방에 관한 사항
4. 영업자 준수사항에 관한 사항
5. 그 밖에 교육기관이 필요하다고 인정하는 사항

③ 교육기관은 법 제32조제1항제2호부터 제8호까지의 규정에 해당하는 영업 중 두 가지 이상의 영업을 하는 자에 대해 법 제37조제2항에 따른 교육을 실시하려는 경우에는 제2항 각 호의 교육내용 중 중복된 교육내용을 면제할 수 있다. 〈신설 2021. 6. 17.〉

④ 교육기관의 지정, 교육의 방법, 교육결과의 통지 및 기록의 유지 · 관리 · 보관에 관하여는 제12조의4제2항 · 제4항 및 제5항을 준용한다. 〈신설 2019. 3. 21., 2021. 6. 17.〉

⑤ 삭제 〈2019. 3. 21.〉

제45조(행정처분의 기준) ① 법 제38조에 따른 영업자에 대한 등록 또는 허가의 취소, 영업의 전부 또는 일부의 정지에 관한 행정처분 기준은 별표 11과 같다. 〈개정 2018. 3. 22.〉

② 시장 · 군수 · 구청장이 제1항에 따른 행정처분을 하였을 때에는 별지 제26호서식의 행정처분 및 청문 대장에 그 내용을 기록하고 유지 · 관리하여야 한다.

③ 제2항의 행정처분 및 청문 대장은 전자적 처리가 불가능한 특별한 사유가 없으면 전자적 방법으로 작성 · 관리하여야 한다.

제46조(시정명령) 법 제39조제1항제3호에서 "농림축산식품부령으로 정하는 시정명령"이란 다음 각 호의 어느 하나에 해당하는 명령을 말한다. 〈개정 2013. 3. 23.〉

1. 동물에 대한 학대행위의 중지
2. 동물에 대한 위해 방지 조치의 이행
3. 공중위생 및 사람의 신체 · 생명 · 재산에 대한 위해 방지 조치의 이행

4. 질병에 걸리거나 부상당한 동물에 대한 신속한 치료

제47조(동물보호감시원의 증표) 법 제40조제3항에 따른 동물보호감시원의 증표는 별지 제27호서식과 같다.

제48조(등록 등의 수수료) 법 제42조에 따른 수수료는 별표 12와 같다. 이 경우 수수료는 정부수입인지, 해당 지방자치단체의 수입증지, 현금, 계좌이체, 신용카드, 직불카드 또는 정보통신망을 이용한 전자화폐·전자결제 등의 방법으로 내야 한다. 〈개정 2013. 12. 31.〉

제49조(규제의 재검토) ① 농림축산식품부장관은 다음 각 호의 사항에 대하여 다음 각 호의 기준일을 기준으로 3년마다(매 3년이 되는 해의 기준일과 같은 날 전까지를 말한다) 그 타당성을 검토하여 개선 등의 조치를 해야 한다. 〈개정 2017. 1. 2., 2018. 3. 22., 2020. 11. 24.〉

1. 삭제 〈2020. 11. 24.〉
2. 제5조에 따른 동물운송자의 범위: 2017년 1월 1일
3. 제6조에 따른 동물의 도살방법: 2017년 1월 1일
4. 삭제 〈2020. 11. 24.〉
5. 제8조 및 별표 2에 따른 등록대상동물의 등록사항 및 방법 등: 2017년 1월 1일
6. 제9조에 따른 등록사항의 변경신고 대상 및 절차 등: 2017년 1월 1일
7. 제19조 및 별표 5에 따른 동물보호센터의 준수사항: 2017년 1월 1일

8. 제24조에 따른 윤리위원회의 공동 설치 등: 2017년 1월 1일

9. 제26조에 따른 윤리위원회 위원 자격: 2017년 1월 1일

10. 제25조 및 별지 제10호서식의 동물실험윤리위원회 운영 실적 통보서의 기재사항: 2017년 1월 1일

11. 제27조에 따른 윤리위원회의 구성 절차: 2017년 1월 1일

12. 제35조 및 별표 9에 따른 영업의 범위 및 시설기준: 2017년 1월 1일

13. 제38조에 따른 등록영업의 변경신고 대상 및 절차: 2017년 1월 1일

14. 제41조에 따른 허가사항의 변경신고 대상 및 변경 등의 신고 절차: 2017년 1월 1일

15. 제43조 및 별표 10에 따른 영업자의 준수: 2017년 1월 1일

② 농림축산식품부장관은 제7조에 따른 동물등록제 제외 지역의 기준에 대하여 2020년 1월 1일을 기준으로 5년마다(매 5년이 되는 해의 기준일과 같은 날 전까지를 말한다) 그 타당성을 검토하여 개선 등의 조치를 해야 한다. 〈신설 2020. 11. 24.〉

[본조신설 2015. 1. 6.]

부칙 〈제261호, 2012. 2. 21.〉

제1조(시행일) 이 규칙은 공포한 날부터 시행한다. 다만, 제8조제1항의 개정규정 중 특별자치시장에 관한 부분은 2012년 7월 1일부터 시행하고, 제7조·제8조·제9조의 개정규정은 2013년 1월 1일부터 시행한다.

제2조(동물의 보호비용 지원에 관한 경과조치) 이 규칙 시행 당시 종전의 규정에 따라 보호시설 계약을 맺은 자에 대하여는 제16조의 개정규정에도 불구하고 그 계약에 따라 보호비용을 지원한다.
제3조(영업 등록에 관한 경과조치) 이 규칙 시행 당시 종전의 규정에 따라 동물장묘업·동물판매업·동물수입업으로 등록을 한 자는 이 규칙 시행일부터 6개월 이내에 제35조부터 제37조까지의 개정규정에 따른 기준을 갖추어야 한다.
제4조(동물판매업자 등의 교육에 관한 경과조치) 이 규칙 시행 당시 종전의 규정에 따라 동물판매업자 등의 교육을 받은 자는 제44조의 개정규정에 따라 해당 교육을 받은 것으로 본다.

부칙 〈제329호, 2012. 12. 26.〉

이 규칙은 공포한 날부터 시행한다.

부칙 〈제15호, 2013. 3. 23.〉

제1조(시행일) 이 규칙은 공포한 날부터 시행한다.
제2조(동물복지축산농장 표시방법에 관한 경과조치) 이 규칙 시행 당시 종전의 규정에 따라 설치한 동물복지축산농장 표시간판은 별표 8의 개정규정에도 불구하고 계속하여 사용할 수 있고, 이 규칙 시행 당시 종전의 규정에 따른 동물복지축산농장 표시도형은 이 규칙 시행일부터 6개월까지 별표 8의 개정규정에 따른 동물복지축산농장 표시도형과 함께 사용할 수 있다.

부칙 〈제58호, 2013. 11. 29.〉

이 규칙은 공포한 날부터 시행한다.

부칙 〈제68호, 2013. 12. 31.〉

이 규칙은 2014년 1월 1일부터 시행한다. 다만, 제7조제1호 및 제2호의 개정규정은 공포 후 6개월이 경과한 날부터 시행한다.

부칙 〈제79호, 2014. 2. 14.〉

이 규칙은 2014년 2월 14일부터 시행한다.

부칙 〈제87호, 2014. 4. 8.〉

이 규칙은 공포한 날부터 시행한다.

부칙 〈제104호, 2014. 8. 29.〉 (개인정보 보호를 위한 가축전염병 예방법 시행규칙 등 일부개정령)

제1조(시행일) 이 규칙은 공포한 날부터 시행한다.

제2조(서식에 관한 경과조치) ① 이 규칙 시행 당시 종전의 규정에 따라 사용 중인 서식은 2014년 12월 31일까지 이 규칙에 따른 서식과 함께 계속하여 사용할 수 있다. 이 경우 이 규칙에 따라 개정된 부분은 수정하여 사용한다.

② 이 규칙 시행 당시 종전의 규정에 따라 발급된 역학조사반원증, 가축방역관(검역관)증, 가축방역사증, 말조련사 자격증, 장제사 자격증, 재활승마지도사 자격증, 농어촌형 승마시설 신고확인증, 양

곡관리 조사공무원증 및 외식산업 전문인력 양성기관 지정서는 이 규칙에 따라 발급된 것으로 본다.

부칙 〈제129호, 2015. 1. 6.〉 (규제 재검토기한 설정 등을 위한 가축전염병 예방법 시행규칙 등 일부개정령)

제1조(시행일) 이 규칙은 공포한 날부터 시행한다.

제2조 생략

부칙 〈제193호, 2016. 1. 21.〉

이 규칙은 2016년 1월 21일부터 시행한다.

부칙 〈제237호, 2017. 1. 2.〉 (일몰도래 규제 정비를 위한 가축 및 축산물 이력관리에 관한 법률 시행규칙 등 일부개정령)

제1조(시행일) 이 규칙은 공포한 날부터 시행한다.

제2조 생략

부칙 〈제242호, 2017. 1. 25.〉

이 규칙은 공포한 날부터 시행한다.

부칙 〈제275호, 2017. 7. 3.〉

제1조(시행일) 이 규칙은 공포한 날부터 시행한다. 다만, 제36조, 별표 9 제1호라목 및 별표 10 제1호자목부터 파목까지의 개정규정은 공포 후 3개월이 경과한 날부터 시행하고, 제9조제5항의 개정규정

은 공포 후 6개월이 경과한 날부터 시행한다.
제2조(동물장묘업의 시설기준에 관한 적용례) 별표 9 제2호다목1)의 개정규정은 이 규칙 시행 이후 동물장묘업을 등록하는 경우부터 적용한다.
제3조(행정처분기준에 관한 경과조치) 이 규칙 시행 전의 행위에 대하여 행정처분을 하는 경우에는 별표 11 제2호의 개정규정에도 불구하고 종전의 규정에 따른다.

부칙 〈제311호, 2018. 3. 22.〉

이 규칙은 2018년 3월 22일부터 시행한다.

부칙 〈제335호, 2018. 9. 21.〉

이 규칙은 2018년 9월 21일부터 시행한다.

부칙 〈제361호, 2019. 3. 21.〉

제1조(시행일) 이 규칙은 2019년 3월 21일부터 시행한다. 다만, 제12조제1항 단서의 개정규정은 2020년 3월 21일부터 시행한다.
제2조(맹견 소유자의 교육 이수에 관한 경과조치) 이 규칙 시행 전에 이미 등록한 맹견을 소유한 자는 제12조의4의 개정규정에도 불구하고 2019년 9월 30일까지 맹견의 안전한 사육 및 관리에 관한 신규교육을 이수하여야 한다.
제3조(운영위원회의 위원 구성에 관한 경과조치) 이 규칙 시행 전에 종전의 규정에 따라 운영위원회를 구성한 동물보호센터는 2021년 3월

20일까지 제18조제3항의 개정규정에 따라 위원을 구성하여야 한다.

부칙 〈제391호, 2019. 8. 26.〉 (어려운 법령용어 정비를 위한 37개 법령의 일부개정에 관한 농림축산식품부령)

이 규칙은 공포한 날부터 시행한다.

부칙 〈제442호, 2020. 8. 21.〉

이 규칙은 공포한 날부터 시행한다. 다만, 제8조제2항, 제9조제1항제6호 및 별표 2의 개정규정은 2021년 2월 12일부터 시행한다.

부칙 〈제453호, 2020. 11. 24.〉 (행정규제기본법에 따른 일몰규제 정비를 위한 6개 법령의 일부개정에 관한 농림축산식품부령)

이 규칙은 공포한 날부터 시행한다.

부칙 〈제457호, 2020. 12. 1.〉 (농림축산식품부 소관 친환경농어업 육성 및 유기식품 등의 관리·지원에 관한 법률 시행규칙)

제1조(시행일) 이 규칙은 공포한 날부터 시행한다.

제2조 부터 제4조까지 생략

제5조(다른 법령의 개정) ①부터 ④까지 생략

⑤ 동물보호법 시행규칙 일부를 다음과 같이 개정한다.

별표 8 제3호나목 중 "「친환경농업육성법 시행규칙」 별표 2를"을 "「농림축산식품부 소관 친환경농어업 육성 및 유기식품 등의 관리·지원에 관한 법률 시행규칙」 별표 6을"로 한다.

⑥부터 ⑫까지 생략

제6조 생략

부칙 〈제470호, 2021. 2. 10.〉

이 규칙은 공포한 날부터 시행한다. 다만, 제12조의5 및 별표 3의2의 개정규정은 2021년 2월 12일부터 시행하고, 제12조제2항 및 제3항의 개정규정은 공포 후 1년이 경과한 날부터 시행한다.

부칙 〈제482호, 2021. 6. 17.〉

제1조(시행일) 이 규칙은 공포한 날부터 시행한다. 다만, 다음 각 호의 개정규정은 해당 각 호의 구분에 따른 날부터 시행한다.

1. 제36조제1호나목, 제37조제1항제6호, 별표 9 제2호가목2), 별표 10 제2호가목3) 및 5)의 개정규정: 공포 후 6개월이 경과한 날

2. 별표 9 제2호라목2)나)(1) 및 (2) 외의 부분, 같은 목 2)바)(2), 같은 호 사목1)마), 같은 목 2)나)(5), 같은 호 아목2)마)부터 아)까지, 같은 목 3) 및 별표 10 제1호차목의 개정규정: 공포 후 1년이 경과한 날

3. 별표 9 제2호라목1)마)의 개정규정: 공포 후 2년이 경과한 날

4. 별표 10 제2호라목4)의 개정규정: 공포 후 3년이 경과한 날

제2조(반려동물 관련 영업별 시설 및 인력 기준에 관한 적용례) ① 별표 9 제2호가목2)의 개정규정은 이 규칙 시행 이후 동물장묘업을 등록하는 경우부터 적용한다.

② 별표 9 제2호라목1)마), 같은 목 2)나)(1) 및 (2) 외의 부분의

개정규정은 이 규칙 시행 이후 동물생산업을 허가하는 경우부터 적용한다.

③ 별표 9 제2호사목의 개정규정은 이 규칙 시행 이후 동물미용업을 등록하는 경우부터 적용한다.

④ 별표 9 제2호아목의 개정규정은 이 규칙 시행 이후 동물운송업을 등록하는 경우부터 적용한다.

제3조(동물장묘업의 시설 기준에 관한 경과조치) 이 규칙 시행 당시 종전의 규정에 따라 동물장묘업을 등록한 자는 이 규칙 시행일부터 2년 이내에 별표 9 제2호가목2)의 개정규정에 따른 시설 기준을 갖춰야 한다.

제4조(행정처분기준에 관한 경과조치) 이 규칙 시행 전의 위반행위에 대한 행정처분에 관하여는 별표 11 제2호라목 및 바목의 개정규정에도 불구하고 종전의 규정에 따른다.

부칙 〈제495호, 2021. 10. 8.〉 (어려운 법령용어 정비를 위한 가축전염병 예방법 시행규칙 등 19개 농림축산식품부령 일부개정령)

이 규칙은 공포한 날부터 시행한다.

부칙 〈제516호, 2022. 1. 20.〉 (국민 편의를 높이는 서식 정비를 위한 7개 법령의 일부개정에 관한 농림축산식품부령)

이 규칙은 공포한 날부터 시행한다.

별표 / 서식

[별표 1] 동물의 적절한 사육·관리 방법 등(제3조 관련)

[별표 1의2] 반려동물에 대한 사육·관리 의무(제4조제5항 관련)

[별표 2] 동물등록번호의 부여방법 등(제8조제2항 관련)

[별표 3] 맹견에 대한 격리조치 등에 관한 기준(제12조의3 관련)

[별표 3의2] 보험금액(제12조의5 관련)

[별표 4] 동물보호센터의 시설기준(제15조제1항 관련)

[별표 5] 동물보호센터의 준수사항(제19조 관련)

[별표 5의2] 동물 해부실습 심의위원회의 심의 및 운영 기준(제23조의2제2호라목 관련)

[별표 6] 동물복지축산농장 인증기준(제30조 관련)

[별표 7] 동물복지축산농장 인증심사의 세부절차 및 방법(제32조제3항 관련)

[별표 8] 동물복지축산농장의 표시방법(제33조제2항 관련)

[별표 9] 반려동물 관련 영업별 시설 및 인력 기준(제35조 관련)

[별표 10] 영업자와 그 종사자의 준수사항(제43조 관련)

[별표 11] 행정처분기준(제45조 관련)

[별표 12] 등록 등 수수료(제48조 관련)

[별지 제1호서식] 동물등록(신청서, 변경신고서)

[별지 제2호서식] 동물등록증

[별지 제3호서식] 동물등록증 재발급 신청서

[별지 제4호서식] 동물보호센터 지정신청서

[별지 제5호서식] 동물보호센터 지정서

[별지 제6호서식] 동물보호 공고문

[별지 제7호서식] 보호동물 개체관리카드

[별지 제8호서식] 보호동물 관리대장

[별지 제9호서식] 비용징수통지서

[별지 제10호서식] 동물실험윤리위원회 운영 실적 통보서

[별지 제11호서식] 동물복지축산농장 인증 신청서

[별지 제12호서식] 동물복지축산농장 인증서

[별지 제13호서식] 동물복지축산농장 인증 관리대장

[별지 제14호서식] 동물복지축산농장 인증 승계신고서

[별지 제15호서식] 영업 등록 신청서

[별지 제16호서식] (동물장묘업, 동물판매업, 동물수입업, 동물전시업, 동물위탁관리업, 동물미용업, 동물운송업) 등록증

[별지 제17호서식] 동물장묘업 등록(변경신고) 관리대장

[별지 제18호서식] (동물판매업, 동물수입업, 동물전시업, 동물위탁관리업, 동물미용업, 동물운송업) 등록(변경신고) 관리대장

[별지 제19호서식] (동물장묘업, 동물판매업, 동물수입업, 동물생산업, 동물전시업, 동물위탁관리업, 동물미용업, 동물운송업) 등록증(허가증) 재발급 신청서

[별지 제20호서식] (동물장묘업, 동물판매업, 동물수입업, 동물생산업, 동물전시업, 동물위탁관리업, 동물미용업, 동물운송업) 등록(허가)사항 변경신고서

[별지 제21호서식] (휴업, 재개업, 폐업) 신고서

[별지 제22호서식] 동물생산업 허가신청서

[별지 제23호서식] 동물생산업 허가증

[별지 제24호서식] 동물생산업 허가(변경신고) 관리대장

[별지 제25호서식] 영업자 지위승계 신고서

[별지 제26호서식] 행정처분 및 청문대장

[별지 제27호서식] 동물보호감시원증

[별지 제28호서식] 동물복지축산농장 인증심사 결과보고서

[별지 제29호서식] 동물생산·판매·수입업 개체관리카드

[별지 제29호의2서식] 동물전시업·위탁관리업 개체관리카드

[별지 제30호서식] 영업자 실적 보고서

대한민국 법령 시리즈 184

동물보호법

법 령 / 시 행 령 / 시 행 규 칙

2022년 11월 17일 인쇄　　정가 13,000원
2022년 11월 28일 발행

편　　저　편집부
디 자 인　송영미
발 행 인　조준형
발 행 처　해광출판사
http://www.hgbookpub.com
E-mail : munbookcokr@naver.com
주　　소　부산광역시 중구 해관로 41-1 (중앙동2가)
전화번호　(051) 253-0001　　팩스 (051) 245-1187
등　　록　제 2012-000005호

해광출판사에서는 여러분의 소중한 원고와 함께 할 기회를 기다리고 있습니다. 책으로 엮을 원고나 아이디어가 있으신 분들은 이메일 munbookcokr@naver.com 로 책에 대한 간단한 개요와 원고 전체 또는 일부를 연락처와 함께 보내주십시오.

ISBN 979-11-6881-253-6

※ 법령 출처 : 법제처 국가법령정보센터
※ 본 도서는 〈공공데이터 제공 및 이용 활성화에 관한 법률〉을 근거로 출판되었습니다.

해광출판사 법령 시리즈

001. 선원법
002. 어선법
003. 선박직원법
004. 해사안전법
005. 해양환경관리법
006. 선박의 입항 및 출항등에 관한 법률
007. 학교안전사고예방 및 보상에 관한 법률
008. 종합부동산세법
009. 방위사업법
010. 행정규제기본법
011. 식품산업진흥법
012. 위험물안전관리법
013. 화재예방, 소방시설 설치·유지 및 안전관리에 관한 법률
014. 도시가스사업법
015. 실내공기질관리법
016. 지방세법
017. 소득세법
018. 법인세법
019. 도선법
020. 선박안전법
021. 선박법
022. 수산업법
023. 고압가스안전관리법
024. 국민연금법
025. 공동주택관리법
026. 화학물질관리법
027. 어선원 및 어선 재해보상보험법
028. 장기등 이식에 관한 법률
029. 자연재해대책법
030. 공유재산 및 물품 관리법
031. 산업입지 및 개발에 관한 법률
032. 부정경쟁방지 및 영업비밀보호에 관한 법률
033. 금융지주회사법
034. 온실가스 배출권의 할당 및 거래에 관한 법률
035. 건축사법
036. 산림문화휴양에 관한 법률
037. 전기사업법
038. 사립학교법
039. 고등교육법
040. 액화석유가스의 안전관리 및 사업법
041. 선박투자회사법
042. 수산자원관리법
043. 위험물선박운송및저장규칙
044. 선박평형수관리법
045. 주택임대차보호법
046. 상가건물임대차보호법
047. 지방공기업법
048. 승강기안전관리법
049. 수목원·정원의 조성 및 진흥에 관한 법률
050. 민법
051. 치료감호 등에 관한 법률
052. 대부업 등의 등록 및 금융이용자 보호에 관한 법률
053. 사료관리법
054. 무형문화재 보전 및 진흥에 관한 법률
055. 총포·도검·화약류 등의 안전관리에 관한 법률
056. 경찰관직무집행법
057. 시설물의 안전 및 유지관리에 관한 특별법
058. 수산생물질병 관리법
059. 소비자기본법
060. 국제선박등록법
061. 정보통신망 이용촉진 및 정보보호 등에 관한 법률
062. 해운법
063. 농수산물 품질관리법
064. 수산업협동조합법
065. 해외건설촉진법
066. 수상레저안전법
067. 공무원재해보상법
068. 수상에서의 수색·구조 등에 관한 법률
069. 어촌어항법
070. 항만법
071. 항만운송사업법
072. 해양경비법
073. 해양사고의 조사 및 심판에 관한 법률
074. 외국인근로자의 고용 등에 관한 법률
075. 중소기업기본법
076. 자유무역지역의 지정 및 운영에 관한 법률
077. 대기환경보전법
078. 소음진동관리법
079. 폐기물관리법
080. 하수도법
081. 물환경보전법
082. 토양환경보전법
083. 환경정책기본법
084. 산업재해보상보험법
085. 관세법
086. 노동조합 및 노동관계조정법
087. 근로기준법
088. 군인연금법
089. 먹는물관리법
090. 기술보증기금법
091. 관광진흥법
092. 감염병의 예방 및 관리에 관한 법률
093. 사법경찰관리의 직무를 수행할 자와 그 직무범위에 관한 법률
094. 수의사법
095. 가정폭력방지 및 피해자보호 등에 관한 법률
096. 환경영향평가법
097. 체육시설의 설치 · 이용에 관한 법률
098. 장사 등에 관한 법률
099. 상호저축은행법
100. 은행법
101. 보호관찰 등에 관한 법률
102. 형법
103. 자동차관리법
104. 형사소송법
105. 전자금융거래법
106. 마약류 불법거래 방지에 관한 특례법
107. 도로법
108. 주세법
109. 변리사법
110. 하천법
111. 중소기업진흥에 관한 법률
112. 발달장애인 권리보장 및 지원에 관한 법률
113. 주택법
114. 장애인복지법
115. 농어업경영체 육성 및 지원에 관한 법률
116. 공인중개사법
117. 건강기능식품에 관한 법률
118. 예비군법
119. 개발제한구역의 지정 및 관리에 관한 특별조치법
120. 국유재산법
121. 주차장법
122. 환경기술 및 환경산업 지원법
123. 대기관리권역의 대기환경개선에 관한 특별법
124. 악취방지법
125. 미세먼지 저감 및 관리에 관한 특별법
126. 가축분뇨의 관리 및 이용에 관한 법률
127. 물의 재이용 촉진 및 지원에 관한 법률
128. 물관리기본법
129. 물관리기술 발전 및 물산업 진흥에 관한 법률
130. 자원의 절약과 재활용촉진에 관한 법률
131. 전기 · 전자제품 및 자동차의 자원순환에 관한 법률
132. 건설폐기물의 재활용촉진에 관한 법률
133. 수도권매립지관리공사의 설립 및 운영 등에 관한 법률
134. 폐기물의 국가 간 이동 및 그 처리에 관한 법률
135. 폐기물처리시설 설치촉진 및 주변지역지원 등에 관한 법률
136. 자원순환기본법
137. 잔류성오염물질 관리법
138. 환경분쟁 조정법

해광출판사 법령 시리즈

139. 화학물질의 등록 및 평가 등에 관한 법률
140. 환경오염시설의 통합관리에 관한 법률
141. 환경오염피해 배상책임 및 구제에 관한 법률
142. 중소기업제품 구매촉진 및 판로지원에 관한 법률
143. 환경개선비용 부담법
144. 환경분야 시험·검사 등에 관한 법률
145. 환경친화적 산업구조로의 전환촉진에 관한 법률
146. 환경친화적 자동차의 개발 및 보급 촉진에 관한 법률
147. 환경범죄 등의 단속 및 가중처벌에 관한 법률
148. 생명윤리 및 안전에 관한 법률
149. 장애인차별금지 및 권리구제 등에 관한 법률
150. 부동산투자회사법
151. 정치자금법
152. 과학기술기본법
153. 대리점거래의 공정화에 관한 법률
154. 상속세 및 증여세법
155. 학원의 설립 · 운영 및 과외교습에 관한 법률
156. 해양심층수의 개발 및 관리에 관한 법률
157. 전기용품 및 생활용품 안전관리법
158. 사회기반시설에 대한 민간투자법
159. 공직선거법
160. 정당법
161. 유류오염손해배상 보장법
162. 부정청탁 및 금품등 수수의 금지에 관한 법률
163. 항로표지법
164. 어장관리법
165. 민방위기본법
166. 공직자윤리법
167. 선거관리위원회법
168. 유선 및 도선 사업법
169. 전기공사업법
170. 사회복지사업법
171. 택지개발촉진법
172. 국가공무원법
173. 민간임대주택에 관한 특별법
174. 어음법·수표법
175. 민사집행법
176. 상법
177. 문화예술진흥법
178. 중소기업협동조합법
179. 농업협동조합법
180. 도로교통법
181. 의료사고 피해구제 및 의료분쟁 조정 등에 관한 법률
182. 산림보호법
183. 소년법
184. 동물보호법
185. 건축물관리법
186. 도시개발법
187. 화물자동차 운수사업법
188. 도시 및 주거환경정비법
189. 의료법
190. 국회법
191. 응급의료에 관한 법률
192. 출입국관리법
193. 노인복지법
194. 산림자원의 조성 및 관리에 관한 법률
195. 청소년 보호법
196. 초 · 중등교육법
197. 혁신도시 조성 및 발전에 관한 특별법
198. 경제자유구역의 지정 및 운영에 관한 특별법
199. 공공기관의 운영에 관한 법률
200. 대한민국헌법
201. 국민기초생활 보장법
202. 저작권법
203. 가사소송법
204. 국가유공자 등 예우 및 지원에 관한 법률
205. 국민체육진흥법
206. 전통주 등의 산업진흥에 관한 법률
207. 재난 및 안전관리 기본법
208. 정보통신공사업법
209. 주식회사 등의 외부감사에 관한 법률
210. 공익사업을 위한 토지 등의 취득 및 보상에 관한 법률
211. 개인정보 보호법
212. 국세기본법
213. 에너지이용 합리화법
214. 감정평가 및 감정평가사에 관한 법률
215. 국가인권위원회법
216. 가맹사업거래의 공정화에 관한 법률
217. 보건의료기본법
218. 산업안전보건법
219. 법무사법
220. 교육공무원법
221. 특허법
222. 민사소송법
223. 아동복지법
224. 전파법
225. 하도급거래 공정화에 관한 법률
226. 기초연금법
227. 사립학교교직원 연금법
228. 직업안정법
229. 장애아동 복지지원법
230. 부동산등기법
231. 자동차손해배상 보장법
232. 철도안전법
233. 항공안전법
234. 전자상거래 등에서의 소비자보호에 관한 법률
235. 독점규제 및 공정거래에 관한 법률
236. 상표법
237. 채무자 회생 및 파산에 관한 법률
238. 공무원연금법
239. 축산법
240. 근로복지기본법
241. 민원 처리에 관한 법률
242. 약사법
243. 방문판매 등에 관한 법률
244. 건축기본법
245. 지방세기본법
246. 지방세징수법
247. 지방자치법
248. 도시교통정비 촉진법
249. 공공주택 특별법
250. 국세징수법
251. 공인노무사법
252. 중대재해 처벌 등에 관한 법률
253. 외무공무원법
254. 소방시설공사업법
255. 검역법
256. 공중위생관리법
257. 할부거래에 관한 법률
258. 인터넷 멀티미디어 방송사업법
259. 전기통신사업법
260. 제품안전기본법
261. 철도사업법
262. 어린이제품 안전 특별법
263. 영유아보육법
264. 원자력안전법
265. 보험업법
266. 경비업법
267. 교통안전법
268. 세무사법
269. 관세사법
270. 공인회계사법
271. 지방공무원법
272. 고용정책 기본법
273. 국가경찰과 자치경찰의 조직 및 운영에 관한 법률
274. 협동조합 기본법
275. 재해구호법
276. 환경보건법

해광출판사 **법령 시리즈**

277. 자살예방 및 생명존중문화 조성을 위한 법률
278. 소방산업의 진흥에 관한 법률
279. 소방기본법
280. 비송사건절차법
281. 자연환경보전법
282. 변호사법
283. 기업구조조정투자회사법
284. 전기통신기본법
285. 에너지법
286. 해양생태계의 보전 및 관리에 관한 법률
287. 사회보장기본법
288. 통신비밀보호법
289. 공증인법
290. 물류시설의 개발 및 운영에 관한 법률
291. 청소년활동 진흥법
292. 형의 집행 및 수용자의 처우에 관한 법률
293. 도시공원 및 녹지 등에 관한 법률
294. 태권도 진흥 및 태권도공원 조성 등에 관한 법률
295. 녹색건축물 조성 지원법
296. 우편법
297. 예금자보호법
298. 건설산업기본법
299. 금융회사의 지배구조에 관한 법률
300. 장애인활동 지원에 관한 법률
301. 언론중재 및 피해구제 등에 관한 법률
302. 국가재정법
303. 농지법
304. 게임산업진흥에 관한 법률
305. 정신건강증진 및 정신질환자 복지서비스 지원에 관한 법률
306. 디자인보호법
307. 의료기사 등에 관한 법률
308. 스마트도시 조성 및 산업진흥 등에 관한 법률
309. 내수면어업법
310. 한국주택금융공사법
311. 의료기기법
312. 유통산업발전법
313. 전통시장 및 상점가 육성을 위한 특별법
314. 여신전문금융업법
315. 해외자원개발 사업법
316. 산업교육진흥 및 산학연협력촉진에 관한 법률
317. 빈집 및 소규모주택 정비에 관한 특례법
318. 기업도시개발 특별법
319. 전력기술관리법
320. 국토기본법
321. 지하수법
322. 식품위생법
323. 광업법
324. 호스피스·완화의료 및 임종과정에 있는 환자의 연명의료결정에 관한 법률
325. 주식·사채 등의 전자등록에 관한 법률
326. 표시·광고의 공정화에 관한 법률
327. 골재채취법
328. 국민건강증진법
329. 새마을금고법
330. 여객자동차 운수사업법
331. 마리나항만의 조성 및 관리 등에 관한 법률
332. 한부모가족지원법
333. 국가를 당사자로 하는 계약에 관한 법률
334. 지방자치단체를 당사자로 하는 계약에 관한 법률
335. 축산물 위생관리법
336. 병역법
337. 음악산업진흥에 관한 법률
338. 국가균형발전 특별법
339. 첨단재생의료 및 첨단바이오의약품 안전 및 지원에 관한 법률
340. 공간정보의 구축 및 관리 등에 관한 법률
341. 공유수면 관리 및 매립에 관한 법률
342. 농수산물 유통 및 가격안정에 관한 법률
343. 아시아문화중심도시 조성에 관한 특별법
344. 신탁법
345. 자연공원법
346. 생활화학제품 및 살생물제의 안전관리에 관한 법률
347. 군인사법
348. 국제조세조정에 관한 법률
349. 낙동강수계 물관리 및 주민지원 등에 관한 법률
350. 주민등록법
351. 집합건물의 소유 및 관리에 관한 법률
352. 집단에너지사업법
353. 산림조합법
354. 반도체집적회로의 배치설계에 관한 법률
355. 자본시장과 금융투자업에 관한 법률
356. 담보부사채신탁법
357. 근로자퇴직급여 보장법
358. 국제과학비즈니스벨트 조성 및 지원에 관한 특별법
359. 수도법
360. 식품 등의 표시·광고에 관한 법률
361. 약관의 규제에 관한 법률
362. 인삼산업법
363. 종자산업법
364. 항공사업법
365. 건설기계관리법
366. 군형법
367. 궤도운송법
368. 기술의 이전 및 사업화 촉진에 관한 법률
369. 농수산물의 원산지 표시 등에 관한 법률
370. 담배사업법
371. 석유 및 석유대체연료 사업법
372. 가축전염병 예방법
373. 농어촌정비법
374. 식물신품종 보호법
375. 항공보안법
376. 중소기업창업 지원법
377. 군사법원법
378. 우주개발 진흥법
379. 해저광물자원 개발법
380. 산림복지 진흥에 관한 법률
381. 지능형 로봇 개발 및 보급 촉진법
382. 헌법재판소법
383. 옥외광고물 등의 관리와 옥외광고산업 진흥에 관한 법률
384. 혈액관리법
385. 국제항해선박 등에 대한 해적행위 피해예방에 관한 법률
386. 유료도로법
387. 독립유공자예우에 관한 법률
388. 신에너지 및 재생에너지 개발·이용·보급 촉진법
389. 신용정보의 이용 및 보호에 관한 법률
390. 출판문화산업 진흥법
391. 공항시설법
392. 국민 평생 직업능력 개발법
393. 아동·청소년의 성보호에 관한 법률
394. 방송법
395. 신용보증기금법
396. 화장품법
397. 청소년 기본법
398. 인터넷주소자원에 관한 법률
399. 양곡관리법
400. 도로명주소법
401. 전자문서 및 전자거래 기본법

*** 해광출판사의 법령 시리즈는 계속 발행 됩니다.**